藤井 聡

Satoshi Fujii

なぜ、日本人の9割は金持ちになれないのか

ポプラ新書

216

はじめに　～岸田新総理の「所得倍増」計画を実現させるために

令和3年9月29日、自由民主党の総裁選で、岸田文雄氏が勝利し、新総裁となりました。その岸田氏は、総裁選挙にあたって政権構想「岸田ビジョン」を公表し、そのなかの一番の柱として、令和版「所得倍増」計画をぶち上げました。

この岸田新総理の計画は、本書『なぜ、日本人の9割は金持ちになれないのか』でお話ししようと思っていたメインのメッセージそのものといえるプランでした。

そもそもこの岸田氏のビジョンは要するに、「私が自民党総裁になれば、たとえば所得が200万円の人は400万円に、所得が500万円の人は1000万円になるような経済対策を行うことをお約束します!」というお話だったからです。逆にいうなら、私たち日本人がここ10年、20年、ずっと持ち続けてきた「おカネ持ちになれない」ということについての不満をしっかりと感じ取った政治家・岸田文雄が、その不満を解消するためにぶち上げたものこそが、令和版の「所得倍増」計画だったからです。

それを高らかに宣言し、その甲斐あって総理に指名されたのが岸田新総理なのですから、当然ながら岸田氏は今、私たちの所得を「2倍」にする政治的責任を負っているわけです。

しかし……果たして岸田総理は本当に、私たちの所得の倍増を、達成できるのでしょうか？

本書をとりまとめてきた僕の立場から冷静に申し上げるなら、その答えは「Yes」であり、「No」であると考えています。

つまり、「岸田総理が、日本経済が今まで成長しなかったメカニズムをしっかりと理解し、その上で適切な対策を行えば、確実に達成できる。しかし、それを行わなければ、達成できない」といわざるを得ないわけです。

それではいったい、「適切な対策」とは何なのでしょうか？

指標として、私たち日本がかつて行った「昭和版」の所得倍増計画を振り返ってみましょう。

かつて行われた「所得倍増計画」とは、昭和35年（1960年）に池田勇人内閣が掲げた長期経済政策です。池田首相は10年間で国民所得を2倍にすると宣言し、さまざまな経済対策を行いました。そしてその結果、当初の目標である「10年」より遙かに早くたった「7年」で日本の国民一人当たりの実質国民所得は2倍の水準に達したのでした。

そのとき、池田勇人首相が行った経済対策は、

・減税
・社会保障
・公共投資

の3本柱でした。これはつまり、池田首相は「しっかりと政府がおカネを使えば、国民経済は成長し、所得は早晩2倍になる」と考えていたことを意味します。そして池田首相はそれをきっちり実行し、予定通りに国民の所得を倍増させたのです。

もちろん、令和の時代と昭和の時代では、時代背景が全然違います。かつては人口がどんどん増えていく時代でしたが、今や人口が減少していく時代に突入しています。あるいは、かつては、今日ほどグローバリズムも進行していなかったし、ITやAIなんていうテクノロジーもありませんでした。だから、令和のこの時代には、かつての時代と違った全く新しい対策が必要だ、と認識している方も多いだろうと思います。

ですが時代がどれだけ変わろうと、おカネが世の中を回らなければ、みんなが貧乏なままであるという事実は何も変わりません。そして、政府が社会保障や公共投資にしっかりおカネを使えば、世間におカネがぐるぐる回るようになってみんながおカネ持ちになるということも、時代を問わず真実です。さらには、すべての消費に対して税金を取り立てる消費税を増税すれば、おカネのめぐりが悪くなるのもまた、当然の話です。

だから、公共投資の中身をいったい何にするのが適当なのかとか、現代の家族構成に合った社会保障の仕組みとはいったい何なのかということは、池田総理の時代からは変わっているとしても、おカネが回る基本的なメカニズムそのものは何も変わらないのです。それは、北海道でも九州でもアメリカでも中国でも、どこでも、「水は高い所から低い所に流れる」というような話と同じなのです。

だとすると、「今、ほとんどの日本人がおカネ持ちになれない」という現実があるのも、結局は、おカネが世の中をぐるぐる回っていないということが原因なのです。そして、そうなってしまっているのは、政府がどんどん消費税を上げていく一方で、社会保障や公共投資を増やしていかないどころかむしろ削っていくことが根本的な原因なのです。

　本書はその事実を、昭和、平成、令和の日本経済についてのさまざまなお話を紹介しながら、経済について大学などで系統だって学んだことがない方でもわかるように、対話形式でとりまとめたものです。

　なぜ私たちのほとんどが、お金持ちになれないのか――この真実のメカニズムをしっかりと理解することなくして、岸田新総理の「令和の所得倍増」など達成できるはずもありません。

　ついては、本書は、一人でも多くの日本国民にお読みいただきたいと同時に、まさに令和の所得倍増計画を打ち上げた岸田新総理にこそ、お読みいただきたい書として、出版するものです。

　肩の力を抜いてリラックスして、なぜ私たち日本人の9割が、お金持ちになれないのか、そして、本当に「所得倍増」を実現するには何が必要なのかを、ゆっくりと、そしてじっくりとお読みいただければ大変うれしく思います。どうぞ、最後まで、よろしくお願いいたします。

藤井聡

なぜ、日本人の9割は金持ちになれないのか／目次

はじめに　～岸田新総理の「所得倍増」計画を実現させるために　2

序章　岸田内閣で、日本経済はこうなる！　13
岸田ビジョンに「希望」はある／「財政再建は大切だ」といい続ける危うさ／資本家が国民のカネを吸い取ってきた／「株主資本主義」から「公益資本主義」へ／株主の取り分を労働者に「分配」するだけでは……／本来の「アベノミクス」をきちんとやれば成功する／プライマリーバランスを撤廃できるかどうか／国民が「民主主義」を実行すれば所得は倍増できる

第1章　「国の借金で破綻する」は真っ赤なウソ　35
国民は財務省のつくり話にだまされている／日本政府が財政破綻することはあり得ない／アルゼンチンやギリシャが破綻した理由／政府はいくらで

も貨幣を供給できる／政府の借金は返さなくてもいい!?／百年変わらない現実離れした経済学／「おカネ」とは何か？／おカネは銀行で借りたときにつくられる／借金を返すと世間のおカネが消える／政府の赤字＝国民の黒字／税金は財源ではない／国債発行の上限はインフレ率で決める／国民の所得が減り続けていく「デフレ不況」／「景気は緩やかに回復している」はやっぱりウソだった

第2章

「消費増税しないと将来にツケを残す」というウソ　89

結局、アベノミクスはどうなったのか／第1の矢「金融政策」は的を射ていた／飛んでいなかった第2の矢「財政政策」／アベノミクスをぶち壊した消費増税／消費税のせいで給料が激減した／憲政史上最も国民を貧しくした安倍政権／「常識」が通じない人たち／日本経済の土台を痛めつけた10%消費税／「法人税引き下げ」と「消費税引き上げ」はワンセット／格差を拡大する消費税／「消費税は全額を社会保障に使う」はウソだった／消費税

を増やすと税収が減る／消費増税は将来にツケを回す

第3章　「日本経済を守るために緊縮財政が必要だ」というウソ　137

緊縮財政による失敗を謝罪した橋本総理／財務省が必死で「政府の負債」を減らしたい理由／「プライマリーバランス黒字化」という呪文／「政府の財政」は「家計」とは全然違う／「ＰＢ黒字化目標」を達成したアルゼンチンとギリシャ／財政規律は毎年「骨太の方針」で決められる／「緊縮財政は絶対に正しい」という空気／なぜマスコミは真実を伝えられないのか／「増収分」の6割弱が「借金返済」に回された／適度な経済成長が国民を幸せにする／重要なのは「金融市場」よりも「実体市場」の活性化／誰かが「借金」しないと経済は1ミリも動かない／借金こそ経済成長の原動力／実体市場から金融市場へおカネが逆流するデフレ不況／金融市場から実体市場へおカネが盛んに流れる好景気／「ＰＢ改善」は「活きたおカネ」を殺す／非常時にも出費をケチる政府と財務省／財政緊縮派議員は間接

的な国民殺人者である

第4章　「グローバリズムが日本を救う」というウソ　199

第3の矢「成長戦略」の大誤算／「規制緩和」が倒産や失業を増やす／「緊縮財政」と「グローバリズム」は双子の関係／構造改革は官邸で決まる／財務省も財界もアメリカも大歓迎の構造改革／構造改革を仕掛けてがっぽり稼ぐ「政商」たち／労働者の4割を占める「非正規雇用」／資本家たちが世界を不況に陥れた／時代遅れの「新自由主義」／知らぬ間に進む日本のグローバル化／日本の暮らしを揺るがす「移民」自由化／営利企業に有利な水道民営化／日本の利益が外資に吸い取られる／政府はもう農家を守らない／日本人の胃袋が外国に乗っ取られる／グローバリズムで国民はますます貧しくなる／日本は外需に頼らなくてもいい「内需大国」／「緊縮思想」の否定から始まる真の成長戦略

終章
コロナを逆手に取って、みんなで金持ちになろう！　257
「インバウンド・マインド」の大きなツケ／「ゼロコロナ」から「ウイズコロナ」へ／政府がケチだとコロナ病床は増えない／日本経済と社会を破壊しただけの「緊急事態宣言」／「自粛しろ。でも補償はしない」は政府の虐待／「自己責任」というバカの壁／緊急事態宣言を出しながらオリンピックを開催した理由／感染を抑制しつつ経済も社会も回せ！／コロナ不況を逆転させる「景気V字回復策」

終わりに　～真実を知り声を上げ続ければ「所得倍増」も夢ではない　290

序章

岸田内閣で、日本経済はこうなる！

岸田ビジョンに「希望」はある

――「なぜ、日本人の9割は金持ちになれないのか」というテーマで藤井先生にいろいろお話をうかがっていた矢先、岸田内閣が誕生しましたね。先生はこの内閣で、日本経済はどうなると思われますか？

藤井　それを考える上で一番大事なのは、岸田総理は「所得倍増」を目指すという話を軸にして公約をつくり上げ、それで総裁選挙に打って出て勝利したという事実です。「所得倍増」というビジョンはこれまで池田勇人が昭和時代に主張し、それを実現させたのが有名ですが、それ以降でこの言葉をハッキリと使って総理大臣になったのは岸田さんが初めてです。だからこれは画期的な話なわけです。

もちろん、この「所得倍増」というビジョンは単なる絵に描いた餅に過ぎず、選挙対策のためだけに岸田さんが口から出任せにいっていたウソ話なんだったらどうしようもないですが、僕は岸田さんが本気で所得倍増に取り組めば、間違いなく日本経済は良くなると思います。っていうかもっとハッキリいうなら、岸田さんが正しい対策をしっかりと行えば所得倍増ができないなんてことはあり得ない。つまり、岸田さんが本気である限り、この令和の時代に私たちの所得が2倍になることは確実に可能だと確信しています。

――希望はある、っていうことですね⁉

藤井　はい、もちろん。「希望」はあります。ただ、繰り返しますが、それは本当の本当に岸田さんが所得倍増に「本気で取り組めば」という条件付きの話です。

そもそも、令和3年9月の自民党総裁選の候補の一人だった河野太郎さんなんかは、所得倍増なんて全くいってませんでしたし、日本を成長させてみなさんの貧困や格差の問題に取り組むんだ、なんてこともいってませんでした。だから、もしも河野総理が誕生していたら、日本経済が良くなるなんていう可能性は万に一つもないっていう絶望的な状況になっていたわけです。それに比べれば、岸田さんの方が圧倒的に希望はある、とはいえます。

それからもう一ついえるのは、もし、岸田さんが総理大臣として何をやっても、何をどう頑張ったって、私たちの所得が2倍になるなんてことは絶対にない――ということなら、これもまた絶望的な状況だってことになりますよね。でも、それについては全く問題ない。

岸田さんが、たとえば本書でじっくりお話しする「正しい経済対策」を行えば、10

年もあれば私たちの所得が2倍になるということは、絶対に可能なんです。

「財政再建は大切だ」といい続ける危うさ

――なるほど。では、岸田総理がやろうとしていることは、「正しい経済対策」だといえるわけですか？

藤井　まさにそこが問題なのですが……少なくとも、岸田さんが総裁選に出馬される前に出版した『岸田ビジョン　分断から協調へ』（講談社）という本を読んだ限り、とても良いこともたくさん書いてあるのですが、経済成長にとって肝心要《かんじんかなめ》の「日本の貧困化が終わるまで政府支出を拡大していく」ということが、書かれてないのです。岸田さんは、「財政再建は大切だ」といい続けておられ、それがネックとなって所得倍増は実現できない可能性が考えられてしまうわけです。

いい換えるなら、岸田さんが、今考えている経済対策をしているだけなら、それでもある程度は、私たちの所得が増えていくことはあり得るとは思いますが、「倍増」といわれるほどに勢いよく増加していくことは難しいと思います。

――そうなんですか……岸田さんは、政府がたくさんのおカネを使うということを考えていないから、私たちの所得が倍増するほど日本経済が活性化することになるとは思えない、でも、「良いこと」もいくつかおっしゃっているから、所得が増えていくチャンスもあるだろう、っていうことですね。ちなみに岸田さんが書かれているなかで藤井先生がお考えになる「正しいこと」っていうのは何なのでしょうか？

資本家が国民のカネを吸い取ってきた

藤井　まずは次のページのグラフ（図表1）をご覧下さい。これは、日本国内の法人企業（資本金10億円以上）の「利益」（経常利益）と「給与」（決まって支給する給与）、それから「株主配当金」の平均値の推移を示しています。いずれも、1997年を100に基準化したものです。

これを見ると、私たちの給与は、この20年間、全く増えてないことがわかりますよね。

――ホントですね！　ずーっと横ばいで全然増えてない……。

藤井　そうです。それなのに会社の「利益」は、増減しながらも、2・5倍くらいの水準に増えてきている。

――確かに。ということは……。

［図表１］　日本国内の法人企業（資本金10億円以上）の
利益・給与・株主配当金の推移

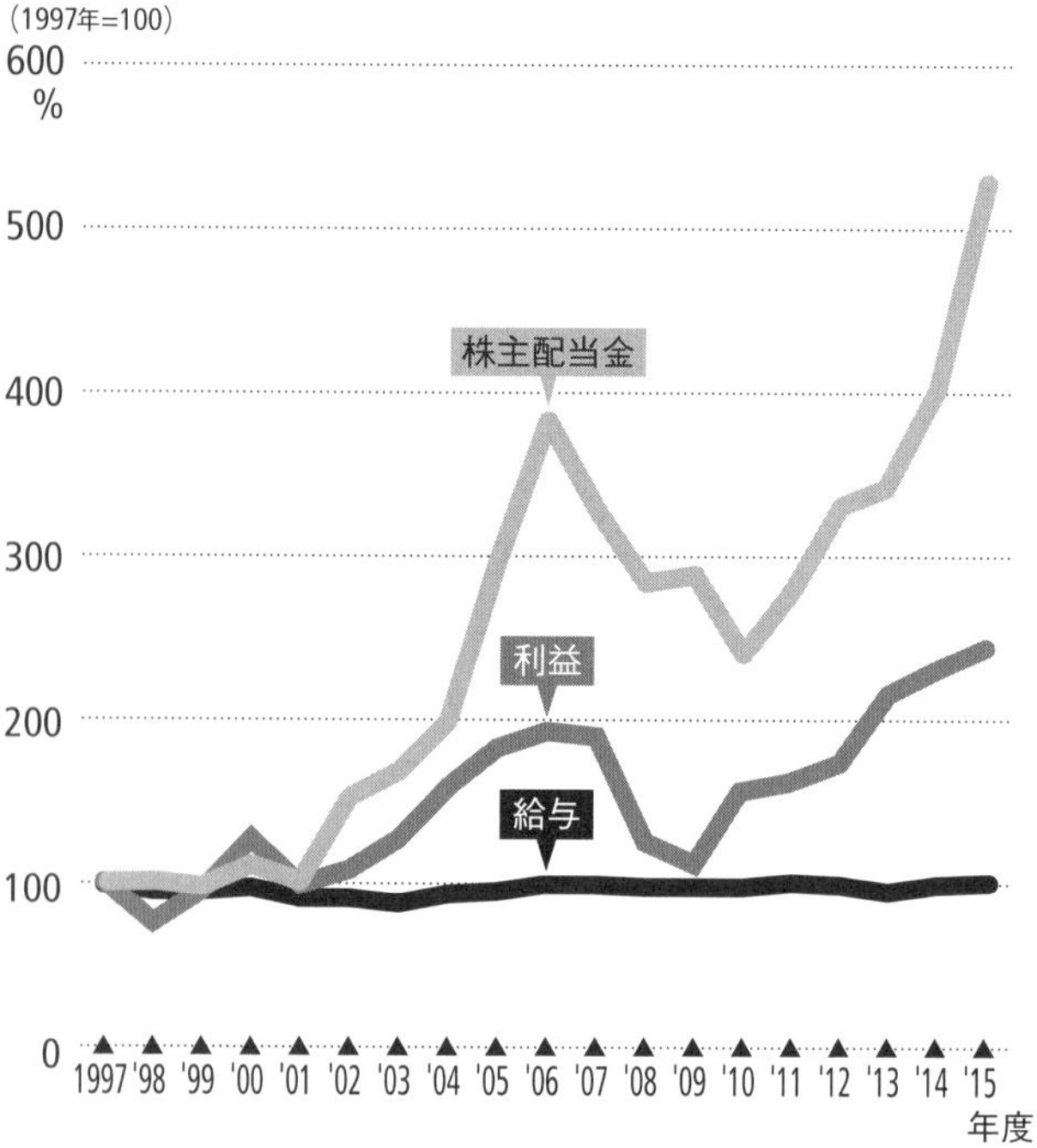

出典／財務省「法人企業統計」

藤井　会社はどんどん儲けを増やしてきてるのに、それを社員の給料に全然回してなかったということです。このグラフは平均のグラフですから、社員を冷遇する会社だけというわけでなく、平均的な会社はみなそうしていた、ということです。じゃあ、その儲けたおカネがどこに行ってるのかというと、このグラフから、「株主」に回されていたっていうことがハッキリとわかります。このグラフに記載のように、「株主配当」は、この20年で、5倍以上に膨れ上がっているんです。

――えーっ、それはひどい！

藤井　そうなんです。株主配当金っていうのは、株式会社の株を持っている「株主」に配当されるおカネです。そもそも株式会社っていうのは、株主におカネを出してもらって（出資してもらって）、そのおカネを元手にビジネスを展開して、利益が出たら最初におカネを出してもらっていた株主にその利益の一部を「配当」する、っていう仕組みになっています。で、株主は、その「配当金」が欲しいという動機で株を買うわけです。

一般にそんな株主は、「資本家」と呼ばれるたくさんおカネを持ったお金持ちの方々とか、投機をビジネスにしている金融機関とかです。だから配当金を受け取るのはおおよその場合、大金持ちの資本家・大企業のみなさんだという構図があるわけです。

で、利益はこの20年で2倍にしかなっていないのに、株主配当金だけは5倍以上になっているということは、日本の企業は儲かったおカネのうち、株主に回す分をどんどんどんどん増やしてきたということになっているわけです。

一方で、利益が2倍になっているのに給与を全く増やしてこなかったってことは、要するに、日本の企業は本来ならば私たちのような一般の労働者に給料として回してしかるべきおカネを、どんどん大金持ちの株主たちに回していったってことです。

――その配当金は本来、私たちがもらっていていいおカネ、っていうか、受け取るべきおカネなのに、企業が勝手に株主たちに回していた、ってことですよね！　大金持ちはますます大金持ちに、庶民はいよいよ貧しくなるばかりじゃないですか。企業は第一に、利益を実際に生み出している労働者を大事にするべきでしょう。ホント、腹の立つ話ですね……。

藤井　そうです。少々意地悪な解釈をするなら、大金持ちの資本家たちが、株式会社という仕組みを使って、この20年間、私たち一般の労働者の国民からカネを吸い上げ続けてきた、っていうことですね。

じゃあ、なぜ企業はそんなことをしてきたのかっていうと、株の価格が高いか低いか、っていうこと（一般にその企業の「時価総額」といわれたりします）で、その企業の「価値」を評価する傾向がどんどん強くなってきたからです。だから、各企業は自社の生き残りをかけて、必死になって株価を上げようとしてきたのです。

株価を上げるためには、できるだけたくさんの株を買ってもらわないといけない。そして、株を買ってもらうためには、「買っていただけたら、こんだけたくさんの配当金を差し上げますよ」っていわないといけない——ということで、各企業は配当金をどんどん上げていったわけです。そうやって企業の間で「配当金の引き上げ競争」が起こって、あっという間に配当金は5倍以上になっちゃったのです。

「株主資本主義」から「公益資本主義」へ

——なるほど。だから、その「配当金の引き上げ競争」を止めさせれば、私たちの給与が上がる余地が出てくる、というわけですね。

藤井　おっしゃる通り。で、岸田さんは、この構造にメスを入れて、国民の給料を上げていくんだというビジョンを主張しているんです。これこそ、岸田さんが総裁選のときに何度も訴えていた「分配」の問題で、企業の利益の「分配」のあり方を変えていくことで、国民の所得を倍増していくんだと主張したわけです。

僕も安倍晋三内閣の内閣官房参与をやっていたとき、この点を問題視してなんとか「分配」のあり方を変えるように、官邸や自民党の人たちにあれこれ提案していたんです。僕が考えていたのは、要するに経営者たちが、株価の上下にあまり惑わされないような仕組みに、法律や政令を使って変えていくべきだというものでした。

たとえば、企業の業績報告を行うタイミングを年間四回やっているのがスタンダードなところ、これを一回にしようとか、株主が配当金で儲けた分にかかる税率を高くして、配当金で儲けようとする株主たちの動機を削いでいこうとか提案していました。そして、政府は今でも、配当金について「目標」を掲げて、ある一定以上の配当金を支払いましょう、なんてことを企業に奨励してるんですが（細かい説明は省きますが、ROE8%目標なんていうのがそれにあたります）、そんな目標を撤廃しようってことも主張しました。

それで、当時の自民党の政調会長、つまり、自民党の政策全体の取りまとめ役が岸田さんだったんです。だからその岸田さんにも直接、この話を何度もしたことを覚えています。さきほど紹介したグラフも、岸田さんにご説明したときに使ったものです。岸田さんはこの問題に大いに関心を持たれて、これはなんとかしなきゃいかん、と当時もかなりおっしゃっていました。こうした当時の議論が、今の岸田さんの「所得倍増」論につながっていったわけです。

――そうなんですね！　いわば岸田ビジョンの産みの親が藤井先生だった、ってことなんですね。

藤井　もちろん僕だけじゃなくていろんな人がこの問題は指摘していましたから、原丈人内閣府参与などと岸田さんには何度も会いに行ったりしました。だから、私個人の提案っていうより、「私たち」の提案が今の政権の経済政策に取り入れられることになったという話だと思います。

当時から私たちは、今の日本のように、株主を過剰に重視する資本主義を「株主資本主義」といって強く批判したんです。株主だけを重視するのではなく、労働者や地域社会にも配慮すべきという意味で、そういう資本主義を「公益資本主義」と呼んで、これをやるべきだと。いわば、日本で古くからいわれている「三方よしの精神」、つまり「売り手よし、買い手よし、世間よし」の精神を、日本の企業は持たなければならず、そうすることで、株主だけじゃなくて、みんなが豊かになるんじゃないかと主張したわけです。

株主の取り分を労働者に「分配」するだけでは……

――確かに5倍にもなっていった株主たちへの配当金を減らして、それを従業員たちに「分配」していけば、私たちの所得は2倍くらいにはなりそうですよね！

藤井　もちろん、そうすれば私たちの所得は増えていくことは増えていきます。でも、そんなに単純なものでも……ないんです。なぜなら、「分配」のあり方をどれだけ変えたとしても、ただそれだけで私たちの給料を「2倍」にするのはちょっと無理だからです。

そもそも、配当金の総額っておおよそ、たとえば東証一部の法人企業トータルで10兆円程度にしかなりません。仮にこの「すべて」を労働者全員に分配しても、私たち労働者の給料は年間15万円程度の増加にしかなりません。これでは2倍どころか、数％の増加にしかなりません。政府がコロナ不況対策ということで国民一律10万円を配布しましたが、あれとさして変わらないという話です。

――ああ、なるほど……。あの給付金はすごくうれしかったけれど、私たちの所得が2倍になんて到底ならなかったですよね。

藤井　なぜそうなってしまうのかというと、株主たちの数は日本国民のごく一部だけなんだけど、労働者はそれこそ7千万人近くもいるわけですから、岸田さんがいう「分配」の問題を少々いじるだけでは、7千万人近くもいる私たちのような普通の働く人たちの所得が倍増することなんてあり得ないんです。

本来の「アベノミクス」をきちんとやれば成功する

――じゃあ、岸田さんの「所得倍増」計画は失敗に終わる、っていうことでしょうか？

藤井　もしも岸田さんが「分配」の問題だけをいじるのだと考えているとしたら、岸田ビジョンは確実に頓挫します。でも岸田さんはそれもわかっている。だから岸田さんは、分配だけでなく、しっかり「成長」っていうこともいっている。

――つまり、パイの分け方を改善するだけではなくて、パイそのものも大きくしていく、っていうことですね。

藤井　おっしゃる通りです。岸田さんは確かにそれも主張している。だけど問題は、その成長のために必要な取り組みが、岸田さんが出版した岸田ビジョンのなかには、しっかりと書かれてないんです。ここが、岸田さんの所得倍増計画のなかで、最大の懸念事項です。

――岸田さんはどうやって成長を導くんだっておっしゃっているのですか？

藤井　一言でいって、岸田さんは、金融政策、財政政策、そして、成長戦略の三つを組み合わせて、日本を成長させるんだ、といってるんです。つまり、これは安倍さんのアベノミクス路線を継続して、成長を導くんだ、といってるわけです。

――でも、アベノミクスって失敗したんですよね？

藤井　国民のみなさんにそういわれてもしょうがないですね。後でじっくりお話ししますが、安倍内閣下で私たちの給料は大幅に下落してしまったんですから、所得の倍増どころの話じゃないんです。でも、それは、アベノミクスの考え方が間違っていた、ということを意味しているのではありません。アベノミクスの考え方はそれはそれでよかったんだけど、それを安倍さんはしっかりと「やり遂げなかった」っていうところが問題だったんです。

――何がダメだったんですか？

藤井　要するに、「財政政策」というのが、著しく不十分だったんです。っていうか不十分どころか、財政政策でやるべきことと「正反対」のことを安倍さんはやっちゃったんです。それは何かというと、消費税です。

――安倍内閣の発足時は5％だったのに、二回も増税して、最後は10％にまで引き上げちゃったという消費増税ですね⁉

藤井　そうです。安倍さんは、二回に渡って消費税を上げた。財政政策のことについては、この本でも詳しくお話しししていきますけど、財政政策っていうのは要するに「政府から民間へのおカネの流れを拡大する」というもの。だから、政府が国民にカネをさまざまな格好で支払っていくというのも財政政策ですが、税金を減らしていく、減税していくっていうのも財政政策なんです。一方で、消費増税というのは、民間から政府に逆におカネを吸い上げていくっていう話ですから、財政政策とはまるで逆の取り組みが消費税増税なんです。

しかも、税金にはいろいろありますが、そのなかでも消費税というのは、経済を冷え込ませるにあたって最もインパクトのデカい税金なんです。なんといっても、あらゆる経済活動において、支払いの度におカネを政府に支払うっていうのが消費税なんですから、あらゆる経済活動が停滞していくわけです。さきほどお話しした「配当金」についてだけの課税だったら、株主の投機行動が抑制されるだけだから、経済に対するインパクトはさしてない、っていうより、過剰な投機行動が抑制されるのでむしろポジティブな影響さえあり得るわけですが、消費税の場合は、すべての経済活動に直接関わりますから、悪影響しか生じないんです。

そんな最悪の増税を安倍さんは二回もやって、消費税率を5％から10％へと、驚くべきことに「2倍」にまで増やしてしまったわけです。

これは明らかにアベノミクスでやるべきこととは完璧に「逆」のことです。だから、アベノミクスをやって失敗したって話じゃなくて、アベノミクスをちゃんとやらなかったので失敗したという話だったわけです。

プライマリーバランスを撤廃できるかどうか

――岸田さんは、それをわかっていらっしゃるんでしょうか？

藤井　そこがよくわからないんです。たとえば、総裁選の候補者のお一人だった高市早苗さんは、この話を理解されていました。だから、総裁選のときに、「アベノミクスが成功しなかったのは、財政政策が十分できなかったからだ。だから、アベノミクスをベースとした『サナエノミクス』では、財政規律を凍結して、日本経済がしっかり成長するまで、国債をしっかり発行して財源を調達し、徹底的に財政拡大を図っていく」とおっしゃっていたんです。

彼女が言及した「財政規律」というのは、政府が国債を発行する際の制約を意味しており、具体的には「プライマリーバランス規律」というものです。この点についても、本書のなかで詳しくお話ししていきますが、要するに今の日本政府は国債発行（借金）の金額について「上限」を設けており、この上限制約のために政府はしっかり国民のためにおカネを使えない、という状態になっている。だから安倍内閣は、だったらしょうがないってことで、消費税を増税して、財源を調達しようとしたわけです。それと同時に、政府支出も徹底的に切りつめていったんです。

つまり、安倍さんがアベノミクスの財政政策をしっかりできなかったのは、プライマリーバランス規律という財政規律があったからなのです。高市さんはそのことをしっかりと理解し、だからこそ、「経済の調子がよくなるまで、プライマリーバランス規律を凍結します」と宣言されたわけです。

――岸田さんは、そんな宣言はされていないのですか？

藤井　そこが微妙なんです……。岸田さんの発言をうかがっていますと、「国難」のときにプライマリーバランス規律を気にして、国債発行額に制限を加えてしまうのは愚の骨頂だ、そんなことをしていれば、日本は潰れてしまう。だから、今のコロナ禍で大変な国難のときには、プライマリーバランス規律は凍結しなきゃいけない、と明言されています。これは大変に素晴らしいご発言です。

ですがそれと同時に、長期的には、財政再建はやらなきゃいけない、とも言明されている。

国民が「民主主義」を実行すれば所得は倍増できる

藤井　理論的にいえば、財政の再建、なるものは、経済が再建されなければ絶対にあり得ないので、高市さんがおっしゃったように、完全に経済の調子が良くなって、経済が再建されるまでは、財政再建のために予算の切りつめだとか消費税増税だとかは絶対にやらない、ということが必要なんです。

でも、岸田さんは国難のときには財政規律は凍結するとはおっしゃっているんですが、いったい何が国難なのかをしっかり言明されていない。

少なくとも、今のコロナ禍が岸田さんにとっての国難だということなんだと思いますが、これも本書のなかで詳しくお話ししますけど、１９９７年の消費増税が日本経済に与えた大打撃も大事件だったわけで、そのせいで日本は全く成長できなくなって、いまだに、デフレ不況から我が国は脱却できていません。コロナの問題が消えてなくなっても、デフレ不況という「国難」のまっただ中に我が国はいるといわざるを得ない状況なんです。

さらにいうと、首都直下地震が起これば８００兆円レベル、南海トラフ地震が起これば１４００兆円レベルの経済被害が生ずるともいわれていますから、これもまた、来たるべき国難です。尖閣問題を含めた台湾有事にしても、さらには北朝鮮有事についても「国難」というものになるでしょう。

だから、こうした国難に対するさまざまな政府の取り組みにおいても、財政規律を気にしていてはダメなはずなんです。たとえば、プライマリーバランス規律によって国債の発行額の制約を考える場合でも、そういった台湾有事、北朝鮮有事、首都直下地震・南海トラフ地震などの将来起こりうる国難についての危機対応に関する支出は、制約から除外することが必要なはずです。そうした国難対策が、財政規律によって滞ってしまっては、日本という国そのものが根底から瓦解してしまうんですから。だから、そういう国難対策は、財政規律ではなく、純粋にその対策の「必要性」に基づいてその内容を検討すべきなんです。

もしも岸田さんが、このようなものも含めて幅広く、そして正しく「国難」というものを明確に認識しておられるなら、岸田さんの「所得倍増」計画は確実に成功するでしょう。繰り返しますが、私たちの日本経済で不況がずっと続いているということそれ自体が国難なんですから、岸田さんは、そんな不況に終わりが告げられるまで、財政規律＝プライマリーバランス規律を一定程度凍結しながら、しっかりと政府支出を拡大し続けることになるはずだからです。

でも、岸田さんが、長引くデフレ不況やさまざまな有事を「国難」と認識しないのなら、ある程度コロナ対策をやってからは、再びこれまでの「古い自民党政治」のように、財政規律を重視して、政府支出を削り、早晩消費税も値上げしたりして、日本経済はこれまで通り、世界のなかで唯一、成長せず、低迷し、私たち9割の国民はずっとお金持ちになれずじまいとなってしまうでしょう。

つまり、岸田さんがいったい何が国難なのか、ということを過不足なくしっかりと理解すれば日本経済の未来は明るいのですが、そうでない限り、「分配」の見直しのおかげで私たちの所得が年間で多少改善されることはあったとしても、その程度で日本の経済の改善は「打ち止め」になって、貧困や格差の問題は抜本的に改善することはないでしょう。

——なるほど……岸田さんには私たち国民のためにぜひともしっかり頑張っていただきたいですが……、藤井先生は、岸田さんは所得倍増の実現に向けた正しい経済政策を断行なさると思いますか？

藤井　何ともいえませんねぇ……。ひょっとすると厳しいかもしれませんね……。でももちろん、期待はしたいですよね。また岸田さんにはお時間をとってもらって、このあたりのお話をしっかりとご説明差し上げ、日本の未来のために必要な経済政策をしっかりやってもらうよう、改めてお願いしたいと思っています。だから私たち国民はそうやって岸田総理に期待すると共に、ちゃんとした対策をやるかどうかを監視して、必要に応じて支援したり、あるいは逆に批判していったりする姿勢が大切なんだと思います。

――結局、それこそが民主主義、っていうものだ、という話ですよね。

藤井　そうです、まさにおっしゃる通りです（笑）。しっかりと監視しつつ、支援と批判を繰り返す、っていうのが、民主主義において国民が政府に対して取るべき正しい態度、ですものね。しっかりと監視、支援、批判を行って参りましょう。

第1章

「国の借金で破綻する」は真っ赤なウソ

国民は財務省のつくり話にだまされている

——藤井先生、岸田総理は真っ先に数十兆円規模の経済対策を実施するとおっしゃっていましたが、大丈夫ですか？

日本はバブル崩壊後から、ずーっとひどい財政赤字なんですよね。政府も政治家も経済学者もマスコミも、「日本には大量の借金があって、このままなら破産する！」といい続けています。さらに、新型コロナウイルス対策で赤字が膨らんで、2021年6月末時点では、「国の借金は過去最大の1220兆円、国民一人当たり992万円になる」と報道していました。だから政府は大金を出したくても出せないんじゃないですか？

藤井　いいえ、出す気になりさえすれば、出せます。彼らのいってることは、真っ赤なウソなんですよ。

——えっ、どこがウソなんですか？

藤井　全部。1から10まで。何もかも。どれだけ、この一連のウソにだまされている人が多いか。それがコロナ対策にも、大きな弊害をもたらしています。たとえば給付金にしても、政府が出そうと思えばまだまだ出せるんですよ。でも、文句が噴出しないのは、ほとんどの国民がこのウソにだまされているからです。

――10万円給付が決まったとき、私も友人たちも日本は財政難なのに構わないの？と心配したくらいでした。それでも私はしっかり給付金をいただきましたけど、友人のなかには遠慮して給付金の申請をしなかった人もいました。

藤井 すっかりだまされていますね。まず、「国の借金」という表現からして間違いで、正しくは「政府の負債」です。「国の借金」っていうと、私たち国民も借りているような錯覚に陥りますが、完全な間違い。そもそも「国」のなかにはいろんな人、主体がいます。私たち国民もいれば、いろんな会社もあります。そして、それらとは全然別の存在として「日本政府」というものもあるわけです。マスコミなんかでいわれている「国の借金」とは、国でも国民でもなく、「日本政府の借金」のことなんですよ。日本銀行の資金循環統計でも、「政府の負債」と書かれています。「政府」が借りているのが「政府の負債」であって、「国の借金」でも「日本の借金」でも、ましてや「国民の借金」でもありません。

――それならなぜ、「国の借金1220兆円」とか「国民一人当たり992万円」などと喧伝するのですか？

藤井　詳しいことはおいおい説明していきますが、財務省は小泉純一郎政権のころから、何よりも「政府の負債」を減らすことに血道を上げているんですよ。なんといっても財務省は、政府という一つの組織の金庫番だからです。いわば彼らは、政府という法人の経理部さんなんです。日本国家「全体」のことを考えているのではなくて、単に自分が働く「政府」という組織の財布のことだけを考えている人たちなのです。

要するに、彼らは自分の組織のことだけを考えて、国民や国全体のことなんてな〜んにも考えず、新聞社や通信社、テレビ局の記者たちが常駐する財務省内の記者クラブ「財政研究会」を通じて、記者に資料を配り、政府の負債を「国の借金」と呼ばせて、国民感情を煽《あお》る。これが、財務省のプロパガンダ、つまり政治的な意図を持つ「宣伝」です。

記者は疑うどころか、新聞によっては政府の負債をわざわざ日本の人口で割って、「国の借金1220兆円、国民一人当たり992万円！」と見出しをつけたり、「日本は借金まみれで財政破綻する」などと、まことしやかに書き立てたりする。大半の政治家や経済学者も、口をそろえて「このまま借金が膨らむと日本は破綻する」と主張してきた。「嘘」とは「真実でないこと」という広辞苑の定義に従うなら、彼らはみんな、ウソつきなんですよ。

――そんな! いったい、どうしてそんなデタラメがまかり通っているのですか?

藤井 一言でいえば、財務省が天下を取っているからです。国会が持っているはずの予算決定権を実際は財務省が握っている。大雑把にいえば、「財政=政治」って側面がありますから、財政を抑えられると、政治家はやりたいことが何もできなくなるんです。しかも、財務官僚は自分たちの主張を国会議員に繰り返し「ご説明」に上がります。国会議員の先生たちはたいてい財務省のいいなりです。さらに、財務省は自分たちに都合のいいことを唱える経済学者を集めています。つまり彼らは財務省のお先棒をかつぐ「御用学者」なんですよ。

そういう政治家や学者や記者たちの報道が世の中にあふれると、人のいい国民は、「どうにかして借金を減らさないと、日本はめちゃくちゃになる。将来世代にツケを回してはいけない。消費増税も仕方がないか」と思い込んでしまう。その結果、財務省の「増税路線」に抵抗することができなくなってしまうんですね。そうして、意図的につくり上げられた「財政破綻論」に、多くの国民がまんまとだまされてしまうわけです。

日本政府が財政破綻することはあり得ない

藤井　ご存知のように、日本の政府は「国債」を発行して、資金を調達しています。国債には「返済期限」が決められていて、政府はその期限が来たら利子をつけて、国債と引き換えにおカネを返済します。こう聞くと、まさに「借金」なのだから、その返済のときに政府の手元にそれだけのおカネがなかったら、「破綻」しちゃうじゃないか⁉　とみなさんは普通に考えるのだと思います。

しかし、政府が借りているのがドルやユーロではなくて「円」である限り、そんなことは絶対に起こらないのです。なぜなら政府はいつでも、どんなときでも、「円」であるならば、どれだけでも用立てることができるからです！

――えっ、どうしてそんな離れわざができるのですか？

藤井　理由を一言でいうなら、そもそも「円」を発行しているのは、他の誰でもない「政府」だからです。だから必要なときに、いくらでも「自分」で円を発行して、円を用立てることができる。

もうちょっと厳密にいうと、政府には「通貨発行権」があります。その権限を行使すれば、いくらでもおカネをつくり出すことができるのです、円である限りにおいて。

もっと具体的にいうなら、次のようになります。

まず、十円玉や五百円玉などの硬貨は、文字通り政府が実際につくり出しています。だから、借金返済のときに五百円玉を大量につくって返してしまうということも可能です。また、やろうと思えば、百万円玉、一千万円玉なんて硬貨を、政府が政府の権限を使ってつくり出し発行して返してしまう、ということもできるわけです。

一方、千円札や五千円札、一万円札などのいわゆる「お札」は、正式には「日本銀行券」と呼ばれるのですが、その名が示しているように、「日本銀行」という日本の中央銀行がつくり出したものです。この「日本銀行」というのは、普通の銀行と全然違って、「銀行の銀行」ともいわれるように銀行それ自体におカネを貸し付けるというスゴい権限を持っています。何よりスゴいのは、彼らが「おカネを自分で何もないところからつくり出して、そのつくり出したおカネを貸し出す」という行為です。わかりやすくいえば、「お札を刷って貸し出す」ということ。そもそも、そういうことができる仕組みになっているわけです。

で、お札をどれだけでも好きなだけつくり出せる日本銀行という存在は、実は、政府の「子会社」なんです。日本銀行は株式を東京証券取引所に上場しているのですが、株式の55%を保有しているのが日本政府です。しかも日本銀行法という法律の第四条には、政府から完全に独立した振る舞いをしちゃだめだ、ということも明記されています。つまり、政府は子会社の日本銀行を使って貨幣をつくり出すことができる。これをしっかり、覚えておいてください。簡単にいえば、要するに「政府は、おカネをつくり出すことができる」ということなんです。

――へえ〜、初めて聞きました。

藤井 「財政破綻論」を信じ込んでいる人のほとんどは、この事実に気づいていません。だいたい「政府の借金」と「家庭の借金」を同じように考えてしまうことが間違いのもと。政府の財政は、家計とは全く違うのです。

当然ですが、私たち個人や民間の会社はおカネをつくることができませんよね。もし私たちが借金をしていたら、一生懸命におカネを稼ぐか、誰か別の人に頭を下げておカネを貸してもらうかして、返済しなくてはならない。しかし、政府にはその必要はありません。なぜなら、さっきからいってるように自分で貨幣を発行することができるからです。したがって、政府が借金で破綻することなど、あり得ないのです。

ちなみに、「日銀と政府は別の存在じゃないか、日銀は独立してるだろ!」という人もいますが、仮にそう考えるにしても、政府は子会社の日銀からいくらでもおカネを借りることができるので、破綻することなんてあり得ない。というわけで、結論は何ら変わりません。この点は、あとでもう少しお話ししますね。

アルゼンチンやギリシャが破綻した理由

——でも、アルゼンチンやギリシャは財政破綻したじゃありませんか。だから日本も危ない、と思っている人は大勢いますよ。

藤井　全くの思い違いです。日本の国債は、自国通貨の「円」建てです。外国もごくわずか日本の国債を持っていますが、それも含めて円建てですから、政府の借金は「100%日本円建て」。しかしアルゼンチンは、自国通貨ではない「アメリカ・ドル建て」国債を売って、外国から借りていたおカネを返済できなくなったために財政破綻に追い込まれたんです。その3年前、1998年にロシアも財政破綻していますが、同じく「アメリカ・ドル建て」の負債でした。アルゼンチン・ペソ建てでも、ロシア・ルーブル建てでもなかったのです。

2015年にギリシャの財政が破綻したのは、政府の負債がEUの共通通貨「ユーロ建て」だったからです。ユーロを発行できるのは、欧州中央銀行だけ。自国通貨発行権を持ち、「100%日本円建て」国債を発行している日本のように、政府がおカネをつくって借金を返すなどということはどうあがいてもできなかったわけです。

何度でもいいますが、政府が自国通貨建ての国債で破綻することは、事実上、あり得ません。歴史上、自国通貨建ての借金を返済できなくなった国は存在しません。

アメリカがドルで借金しても、中国が元で借金しても、日本が円で借金しても、返すときに政府の力でおカネを調達することができる。どんな国でも、政府が自分の国の通貨で借金している限り、政府はいともたやすくおカネを調達して返済することができるのです。繰り返しますが、なんといっても中央政府は、その国の通貨を発行する権限、つまり通貨発行権を持っているのですから。自分で簡単におカネをつくり出して借金を返すことができるのに、借金で破産するなんてバカはいないでしょう。だから自国通貨建ての借金で破綻してしまったなどというマヌケな政府なぞ、存在するわけがないのです！

財政破綻論をつくり出した当の財務省ですら、ホームページにはっきりと、「日・米など先進国の自国通貨建て国債のデフォルトは考えられない」と書いています。この「デフォルト」というのは債務不履行を意味する言葉です。「国債の債務不履行は考えられない」ということは、要するに「日本政府が国債を発行してつくった借金を返せなくなって破綻することはあり得ない」ということなんですよ。

――えーっ、信じられない。きっと、デフォルトなんて書いても、国民は見ないだろうし、見たって意味がわからないだろうと高を括《くく》ってるんでしょうね。腹立つ～。

藤井　財務省もそのように明確に公言しているのですから、自国通貨建ての国債を発行している日本政府が国債を発行してつくった借金を返せなくなって、ロシアやアルゼンチン、ギリシャのように財政破綻することは絶対にありません。

政府はいくらでも貨幣を供給できる

――政府がいくら借金しても破綻することはない、ということですが、そもそも政府が国債を発行しても、その国債を銀行が買ってくれなくなったらどうするんですか？

藤井　日本銀行は、普段の業務のなかで、市場に出回っている国債を売り買いしています。もしも、政府におカネを貸す銀行が減ってきて、国債の価格が不安定になってくれば、日本銀行は安定化を目指して市場で売られている国債を買っていく。そうすれば、あるいは「そうする」と公言するだけでも、国債の価格が安定化し、政府に対しておカネを貸す銀行、すなわち政府におカネを貸す人がいなくなっていく、という事態を回避することができます。

万が一、とんでもない天変地異などで国民が困窮し、税金が1円たりとも納入されなかったとしても、そして仮にそのとき政府が発行する国債を購入する民間銀行が一切なかったとしても、「最後の貸し手」である日本銀行が国債を購入して政府におカネを貸してくれます。この「最後の貸し手」という機能は法律でしっかりと定められていますし、先進諸国ならどこの国の中央銀行にもある当たり前の機能です。

――どんな事態になっても、最後は、日本銀行が国債を買って、政府におカネを必ず貸してくれるわけですね。

藤井　そうです。記憶に新しいところでは、バブル崩壊後、コスモ信用組合や北海道拓殖銀行、山一證券などいろんな金融機関が相次いで破綻したときに、日本銀行は、「日銀特融」という制度で無担保・無制限の融資を行って預金者たちの預金を全額守ったりしています。そうしなければ、日本経済が大パニックになるからです。それを踏まえれば、もしも政府が破綻の危機にさらされることがあるとしたなら、そのときに日銀特融を発動しないわけがない。

　しかも、日本銀行は日本政府の子会社です。これは民間企業でも同じですが、親会社と子会社の間のおカネの貸し借りは、連結決算で「相殺」されます。つまり借金が存在しないことになるのです。驚かれるかもしれませんが、これは紛れもない事実です。一応、政府は日銀が保有する国債について利子を払い続けていますが、日銀の決算が終わると、「国庫納付金」として返還されています。つまり国債の利子が、政府→日銀→政府と行って帰ってくる。要するに、実質的にいうと、政府が日銀からおカネを借りても利子がつかない、ってことになってるわけです。

　ちなみに、アベノミクスと呼ばれる経済政策のなかで、日銀は年間80兆円もの国債を買い続けました。「預金取扱機関」が保有する国債が、「日本銀行」に移転されていったわけです。

　こうなれば政府の負債は事実上、減少し続けたってことになります。なぜなら、預金取扱機関が保有する国債というのは、政府が過去に借りたおカネの借用証書ですが、それを政府の子会社である日本銀行が買い取るということは、実質的に「借金は棒引きされた」ことになるからです。たとえばあなたが、隣のおじさんに１００万円借りていたら借金ですが、その借用証書をあなたの（大金持ちで、かつ、絶対に別れることがないと決まっている）配偶者が買い取ってくれたら、その借金は実際上、事実上、帳消しになりますよね？　それと同じように、日銀が国債を買い取れば、政府の借金は事実上、「帳消し」になるんです。

もっともシンプルな政府の資金調達の方法に「日銀直接引き受け」とか「ヘリコプターマネー」とか呼ばれているものがあります。これは、日銀が政府に資金を直接融資するという方法です。

日本銀行は、「銀行の銀行」であり、各銀行は日本銀行のなかに口座を持っています。その口座に入っている預金を「日銀当座預金」といいますが、これはちょうど、私たちが普通の銀行に「口座」を持っていて、そのなかに「預金」があるのと同じです。銀行は、この日銀当座預金を引き出して現金に換えたり、銀行同士の支払いなどに使ったりしているわけです。そして政府もまた、日銀に口座を持っています。

「ヘリコプターマネー」の場合、政府が借用証書を書いて日銀に渡し、日銀はそれと引き換えに、政府の日銀当座預金にその金額を書き込みます。一応、「日銀が政府におカネを貸している」という体裁にはなっていますが、前にお話ししたように日銀は政府の子会社ですから、事実上の借金ではありません（正式の会計手続きでは、「連結決算」で「相殺」されるということになります）。つまり、借金が棒引きされて存在しないことになります。だから結局は、ただ単に政府が「貨幣をつくり出し、それを使う」ということにほかなりません。

政府の借金は返さなくてもいい⁉

――ちょっと待ってください。政府の借金はないことになって、ただ単に政府がおカネをつくり出して、そのおカネを使う⁉　それが本当なら、誰も苦労しませんよね。先生がおっしゃる理屈はよくわかりますけど、そんなうますぎる話、すぐには信じられません。

藤井　そうかもしれませんね。普通、人からおカネを借りたら返さなくちゃいけないし、利子も払わないといけないのに、政府の日銀からの借金だけは特別だなんて、にわかには信じられないかもしれない……。

では、別の角度から説明しましょう。さっきは、日銀は政府の子会社だから親会社の子会社に対する借金は、借金じゃないんですよ、という話でしたが、親会社と子会社の間であろうが、借金は借金じゃないか、と素朴に感じる方もおられるかもしれません。仮に日銀は政府とは別の組織だと考えたとしても、日銀による政府に対する貸し出しは、私たち一般の国民が銀行や消費者金融からおカネを借りる、いわゆる「借金」とは全然違うんですよ。

第一に、日銀は政府に対して「貸したカネを耳をそろえて返せ!」という圧力はかけません。日銀はいくらでもおカネをつくり出せる存在ですから、貸したカネを返してほしい、という動機がそもそもないのです。日銀以外の存在にとっては、おカネは大変に貴重な代物ですが、日銀にとっておカネは別に貴重でも何でもない。なんといっても、おカネは「日本銀行券」であって、日銀が自らいくらでもつくり出すことができるのですから。

もちろん、借金の返済期日が来れば、政府は借りたおカネを返さなければなりません。でも、そのおカネを、政府はまた日銀から借りることができるんです(一般にこれは「借り換え」といわれます)。つまり10万円を1年間借りていたとしても、1年後にまた10万円を同じ人から借りる、というのを延々と繰り返すことができるわけです。そうなれば実際、その借りたおカネを返す必要が延々となくなります。それと同じことが、政府は日銀に対してできるわけです。

第二に、普通、借金すると利子を払わないといけませんが、さきほども指摘したように、政府が日銀からおカネを借りた場合、利子を払う必要がありません。これが、法律で定められています。

だから、あっさりいうと、日銀から政府がおカネを借りた場合、政府はその利子を払わなくてもいいし、元本そのものも延々と返さなくてもいいのです。返さなくてもいいし利子もない借金なんて、もう借金じゃないですよね。はっきりいって、「もらった」のと全く同じ。

なぜ、そんなふうに「日銀から政府への貸し出し」は、私たちの借金と違ってものすごく優遇されているのかというと、それはひとえに日銀が政府の子会社だからです。したがって、日銀が政府の一部だと考えても、そう考えずに独立の存在だと考えても、結局は、日銀から政府が借りたおカネは、いわゆる普通の「借金」としては考えなくてもいい、ということになるんです。

――なるほど……要するにそれって、ものすごく仲の良い親子がいて、子どもが親からおカネを借りて、一応親は「貸した」とはいってるけど、利子も取らないし、返せともいわない、というのと同じような話なわけですね。

藤井　まさにおっしゃる通り。そういうふうに考えてもらって構いません。ちなみに、ここまでお話しした内容は、経済学の現代貨幣理論、通称MMT（Modern Monetary Theory）という理論が前提としている「事実」です。この「事実」は、MMTというのが少し知られるようになったので一般の人も知るところとなりましたが、その遥か以前から、おカネについてある程度知っている銀行員や税理士、財務官僚なら、「当たり前の常識」として知っている事実なんですよ。

百年変わらない現実離れした経済学

――MMTって、少し前にアメリカで論争を巻き起こして、日本でも国会で取り上げられるなど話題になりましたよね。日本のマスコミは、「財政赤字なんか膨らんでもへっちゃらで、中央銀行に紙幣を刷らせれば財源はいくらでもある、というかなりの『トンデモ理論』である」とか「『異端』の経済理論」とか批判してましたけど。

藤井　MMTに基づく重要な主張のなかに、「通貨発行権のある国の政府支出には、絶対的な制限はない」というものがあるんですが、これが彼らには引っかかるようですね。

でも、「中央銀行からの政府の借金は、返済も利子も不要だから、実質的に借金じゃない。だから、政府はいくらでもおカネを自らつくり出すことができる」というさっきの話は、「通貨発行権のある政府支出には制限がない」といってるのと同じですよね。しかし多くの人々は、テレビや新聞で「政府は借金で破綻する！」という話を耳にタコができるくらい聞いているので、そんな事実は受け入れられない。しかも、経済学者ですら、普通の人々と同じようにその事実を一向に認めようとしないのです。なぜなら、「現実の世界」は一般的な経済学が想定する世界とは全く異なるからです。

だけどそれは、ただ単に経済学者が想定する世界が、現実とは全く異なる「ファンタジー」の世界になってしまっているだけの話。実際、これまでの経済学の常識では説明できないようなことが、ここ20年ぐらいずっと起きまくっているんですよ。そこで、現代の貨幣の理論をきちんと考えようということで出てきたのがＭＭＴです。要するに、おカネはおカネでも、「現代のおカネ」の理論なんです。

――一般的な経済学の常識ではわからないことって何なんですか？

藤井　政府が大量に借金すると、世の中からおカネが減って、金利（借りたときの利子）が高くなる、という常識が一般的な経済学にはあるんです。おカネが不足しているのに、おカネを借りようとする人がたくさんいると、金利が高くなるでしょう。でもバブル崩壊後の92年度から国債発行額がずーっと増えているんですけど、金利は反比例して減っている。

政府の借金がものすごく増えると、貨幣の信任がなくなって貨幣価値が暴落するという常識もあって、そのためにものすごくヤバいことが起こるといわれていたけれど、今、コロナ対策で各国が何百兆円と借金していながら、そんなヤバいことは全く起こっていないし、起こる気配、わずかな徴候すら全くない。

なかでも中国は借金の伸び率が尋常じゃないくらい膨らんでいるのに、ヤバくなるどころか、めちゃくちゃ成長している。これも経済学の常識では全く説明できない。こうしたことを説明する理屈が経済学の教科書には一切書いてないんです。

――どうしてなんですか？

藤井　経済学というのは、ものすごく古い歴史があって、百年以上前の貨幣のイメージで理論がつくられているんですね。それが全然更新されてこなかった。

物理学であれば、今も昔も関係ない。今も昔と同じように、りんごは木から落ちるでしょ。しかし、おカネの仕組みは時代と共に変わっているんですよ。だからそれに合わせて経済理論も変えなきゃいけなかったのに、何にも変えなかったんです！　だから、今の経済の実態を、経済学で説明することが全くできなくなっている。たとえば昔、「金本位制」という仕組みがあったことを覚えていますか？

――はい。確か高校で習いました。金を担保にして通貨を発行する制度ですよね。さかのぼると、大昔の人々は物々交換で欲しいものを手に入れていた。でも、必ずしも欲しいものを手に入れられなかった。たとえば、私が織物を差し出して、お肉と交換してもらいたくても、相手にそんな布切れは要らないよと断られたら、私はお肉を食べられない。それで、人々は誰もが欲しがるような価値あるものを持ちたいと思うようになった。それが金だったんですよね。

その後、金は世界中で通用することになるんだけれど、持ち運びが大変だった。そこで、イギリスを皮切りに各国の中央銀行が、金庫にある金と同じ価値の貨幣を発行するようになった――そんな話ですよね。

藤井　そうですそうです。20世紀初頭ぐらいまではそうだった。日本政府が持っている金の量がこれだけだから、それと交換できるだけのお札を発行していたわけ。そうなると、おカネの量は一定ですよね。日本国内にこれだけのおカネの量しかないという場合は、政府が大量に借金すると、世の中のおカネが少なくなって、金利が高くなる。ここは、従来の経済学の常識と合っています。

しかし戦争や世界恐慌によって金本位制が崩れ、1930年代にはほとんどの国で廃止された。代わって採用されたのが管理通貨制度で、政府は金の保有量に関係なく、法律で定められた通貨制度に基づいて、お札を「好きなだけ刷っていい」ということになった。そこで、おカネの考え方を変えなくてはいけなかったのに、それをやらなかった。それからずっと、百年ぐらい間違えた世界の話を深めてしまったんですね。

――えーっ、誰も間違いに気づかなかったのですか？

藤井　ほとんどの経済学者が気づかないなか、イギリスの経済学者で官僚だったケインズだけは例外で、その間違いに気づいた。で、彼は正しいおカネの考え方に基づいて、今では「ケインズ経済学」と呼ばれる理論の体系をつくり上げた。その後、彼の考え方はラーナーやミンスキーといった学者たちに引き継がれ、徐々に発展していって、今、ランダル・レイという学者たちによって「MMT（現代貨幣理論）」という名前で体系化されたんです。だから、MMTはぽっとでの怪しい理論なんかじゃなくて、ものすごく正統な歴史がある、伝統的な理論なんですね。

「おカネ」とは何か？

藤井　一般的な経済学者も、政府も世間も、「財政破綻」という病にかかっているのは、間違った「貨幣観」に毒されているからです。ほとんどの人が誤解しているので、ちょっとここで、私たちが今、「おカネ」と呼んでいるものがいったい何なのか、解説しておきたいと思います。

――「おカネ」って、何だと思いますか？

――えっと……簡単にいうと、「お札」と「硬貨」のことですよね。

藤井　それもおカネです。間違いありません。じゃ、毎日コツコツ働いて、たとえば手元に10万円が溜まりました。どうします？

――とりあえず銀行に預けにいきます。

藤井　何に変わります？

――預金に変わる。

藤井　そう。現金を家に置いてたらなんとなく不安だし、銀行に預けておいたら安全かなと思って、銀行へ持っていく。そしたら預金通帳に100，000という数字が記入されますよね。一生懸命に稼いだ10万円、自分の汗がしみついた10万円が銀行にある感じがするでしょう？　銀行にものすごくでっかい金庫があって、私たちが預けたおカネがそこに集まっている気がしますよね。

――アニメや映画で、よくありますね。目出し帽をかぶった強盗団が銀行を襲って、巨大金庫のドアのハンドルをゆっくりと回す。ドアが開いて金庫に入ると、札束がこれでもかってくらい、びっしり並んでる！

藤井　そうそう。でも、そのイメージは間違いなんですよ。私たちが、銀行におカネをいっぱい預けているでしょう。それをある日突然、みんなで示し合わせて、A銀行へ決めた時間に全部引き出しにいったら、銀行は、「すみません、現金が足りません」っていいますよ。銀行には、現金は少ししか置いていない。

――へえ～。じゃあ、どうやって、やりくりしているんですか？

藤井　私たちは銀行におカネを預けていますが、全額下ろすことはほぼないでしょう？　ほとんどの預金を塩漬けにしているじゃないですか。銀行は、預かった現金を全部銀行に保管しておいても無駄になる。だから、銀行には現金を少ししか置いていないんです。

――あとの現金は、どこに置いてあるんですか？

藤井　っていうか、現金なんて、日本にはほとんど、どこにもないんですよ。

――えっ？

藤井　私たちの貯金って、１０５６兆円（２０２０年12月末時点）くらいあるのですが、それがどこかに溜まっているような気がするかもしれないけど、溜まっていないんです。数字しかないんです。たとえば僕が「銀行に１００万円預けています」ということは、「通帳に１，０００，０００と書いてある」だけなんですよ。

――えーっ！

藤井　「おカネを使う」というと、お札をやりとりしているイメージがあるでしょう？　でも多くの人は今、お札をほとんど使っていない。なぜなら、ＩＣカードとかクレジットカードとかがあるじゃないですか。たとえば、家族で焼肉屋さんに行きます。みんなで2万5千円分食べました。僕がクレジットカードで支払います。僕の銀行口座の預金の数字がその分減るだけで、僕も焼肉屋さんも一枚のお札も触っていない。最近は、小さなコンビニでも電子決済ができる店舗が増えてきて、霞が関あたりで暮らしている人のなかには「僕、現金を持たないんだよ」という人がたくさんいますからね。だから、日本国民の貯金が1000兆円以上あるのに、紙幣の数は、国内にそのだいたい十分の一の百兆円分くらいしかないんです。つまり、貯金の9割は「紙幣」っていう実態が伴ってない、単なる数字なんです。

――この前、海外の街角で女性のバッグの中身を見せてもらうというテレビ番組を放送してましたが、キャッシュレス化が浸透している韓国の女性たちは、ほとんど現金を持っていませんでした。確かに、私も現金をたくさん持ち歩くことは少なくなりましたね。スーパーで買い物をしても支払いはクレジットカードですから。

藤井　しかも今、給料はたいてい銀行振り込みでしょう。それで、電子決済していると、現金を触ったことがない人もいるわけですよ。だから、銀行預金の通帳に書いてある1,000,000という「数字」そのものがおカネなんですね。不思議でしょう？

――子どものときには考えられなかった話です。

藤井　カード決済なんて普及していませんでしたからね。昔は、給料日になるとお父さんが現金の入った給料袋を持って帰ってきたんですよ。お母さんはその給料袋から家賃とか電気・水道代とか当座の食費とか、とりあえず必要な分だけ取って、翌日、残りの現金を大事に銀行へ預けにいった。

でも今、給料は銀行振り込みになっていて、使うときは電子決済する。だから現代、「おカネ」と呼ばれているものには、「現金」と「預金」の２種類があるわけです。一般に、それらは「現金通貨」と「預金通貨」と呼ばれています。だから、もし10万円のおカネをタンスに入れていて、１００万円を銀行に貯金として預けている人がいたとすれば、その人は、10万円の現金通貨と１００万円の預金通貨を持っている、というわけです。

おカネは銀行で借りたときにつくられる

藤井　現代貨幣に関して、押さえておくべき重要な「事実」がもう一つあります。「おカネは銀行で借りたらできる」ということです。

――は？　何をおっしゃっているのか……。

藤井　ちょっとわかりませんよね。詳しく解説しましょう。おカネって、働いたら給料として払ってくれたり、頼んだら貸してくれたり、と「すでにある」ようなものだと思っているでしょう。世の中に出回っていて、それをやりとりしている感じがしますけど、縄文時代にはおカネはなかった。ということは、どこかでポコッとできているわけですよ。いつできたん？　と思いませんか。

実は、今でも毎日毎日、おカネがどこかでポコポコ、ポコポコ、「泡」のように生まれているんですね。ポコポコ生まれては消え、ポコポコ生まれては消えている。じゃ、おカネはいつ、どの瞬間に生まれるのか？

——日本銀行がお札を刷ってつくったとき？

藤井　確かに現金紙幣は日銀が刷っています。でも、刷っただけでは単なる紙に過ぎません。さっき、銀行には現金を少ししか置いていないといいましたが、余分な現金を日銀に預金しているんですね。前にもいったように、日銀は銀行の銀行ですから。それでたとえば、あなたが銀行へ行って「5000万円引き出したい」といったら、行員さんが「あ、ちょっと待ってください」といって、日銀に行くわけです。簡単にいうと、各銀行の預金が日銀に何千億円とあって、そのうちの5000万円の預金を現金に換えて、あなたに渡すわけです。日銀が紙幣を刷ってるだけでは、単にそこにあるというだけ。私たちが引き出さないと、おカネにはならないのです。

——引き出す前に、もちろん預金が必要になりますよね。その預金は……うーん、混乱してきました。質問は、「おカネはいつ、どの瞬間に生まれるのか？」でしたね。

藤井 では、わかりやすくするために、ものすごくシンプルに考えましょう。今、あなたも僕もまわりの人たちも、全員の口座の残高がゼロだったとします。世の中に現金も全くない。この世界でどうやったら、おカネができると思いますか？

――自分でお札を刷る、というのはダメですよね（苦笑）。……わかりません。

藤井 僕が銀行に行って、「すみません、100万円貸してください」というんです。銀行にも現金がなかったとします。それでも、銀行はおカネがないから貸せません、とは決していわない。「あなたを信用して、100万円お貸ししましょう」といって、僕の通帳に万年筆で1,000,000と書く。そしたら僕に100万円の銀行預金ができた、となるじゃないですか。

――あーっ、そのときに、ポコッとおカネが生まれたわけですね！

藤井 そう、そう、これがMMTでよくいわれる「万年筆マネー」と呼ばれるものです。ちなみに今は、キーボードを叩いて通帳に書き込むので、「キーストロークマネー」ともいわれますけど、万年筆やキーボードで10,000とか1,000,000とかって書いた瞬間に、おカネが生まれるわけです。10,000,000,000,000と書いたら、

100億円がポコっとできるんです。

――ひえ〜っ、夢みたいな話！

藤井　不思議でしょ。でも、これが「事実」なんです。銀行員や税理士、財務官僚なら、常識として知っている「事実」なんですよ。彼らは、こういう話を「信用創造」っていいます。

借金を返すと世間のおカネが消える

藤井　話を戻しましょう。僕が銀行で100万円を借りることができて、僕の預金通帳に1,000,000と書いてもらえたら、あとは電子決済で100万円を使えるじゃないですか。僕が100万円を借りている間、世の中におカネが100万円存在していますよね。いろんなところでそれを使って、あるとき、僕が100万円を返そうと思いました。世の中に100万円しかおカネがなかったときに、どうやったら返せますか？

――うーん……。

藤井　僕が使ったおカネを全員から集めるしかない。全員から強制的にむしり取るか、あるいは全員の肩を100万円分揉んであげるとか、料理をつくってあげるとか、いろんなことをしてみんなからおカネをかき集めて銀行に返す。そうして全員のポケットからおカネがなくなりました。僕しか持っていない100万円を銀行に返しました。世の中のおカネは？

――なくなりますよね。

藤井　そう、消えてしまった。銀行におカネを返す、という行為が、おカネを消すんですよ！　信じられないでしょうけど、これが「事実」です。つまり、おカネというものは、「借りれば生まれる、返したらなくなる」わけです。ということは、たとえば世の中に1億人いて、みんながちょっとずつおカネを借りたとしましょう。全部で100億円借りたとします。この1年の間にみんなが計60億円返す。そしたら、この国にいくらおカネが残ってますか？

――40億円。

藤井　そう。借りた分から返した分を差し引いた分だけ、世の中に残っているんです。借りている間だけ借りた分のおカネがあって、返した瞬間に返した分のおカネがなくなる。つまり、借りている量のほうが多かったらおカネが世の中にあるんです。だから世の中は、常に誰かが余分におカネを借りておいてくれないと、おカネがゼロになっちゃうんですよ。

――なるほど。

藤井　おカネが消えていく量と生まれてくる量の関係で、生まれてくる量の方が大きい限りにおいておカネが残存する。これが、現代における貨幣の「真実」です。

政府の赤字＝国民の黒字

藤井　つまり、誰かがおカネを借り続けておいてくれないと、私たちの手元におカネがなくなる。もちろん、借りたおカネは返さなくてはいけませんよ。だけど、借りた分を返すだけだったら、世の中におカネがなくなってしまう。だから、どこかでまた借りるか、誰かが借りてくれないといけない。

ただ、借りるときに友だちから借りてもダメですよ。その場合は、おカネが右から左に移っただけで、1円も増えない。おカネを増やすためには、「銀行」から借りなくてはいけません。銀行は、万年筆でおカネをいくらでも生み出せる魔法使いみたいなもの。最大の魔法使いが日本銀行ですよ。ものすごいペンを持っている。１００兆円とか書けるわけです。

今、政府は何百兆円も日銀から借りて、その他の銀行などからも少しずつたくさんのおカネを借りていて、総額１２２０兆円も借りているんですけれど、それを全部返したら大変なことになってしまう。政府がおカネを１２２０兆円借りてくれているから、世の中にその１２２０兆円分のおカネが存在しているんです。

――ということは、「政府の借金」は別に悪いことではないわけですね。

藤井　そうなんです！　政府がおカネをたくさん借りてくれているおかげで、それだけのおカネが生み出され、私たちの手元におカネが入ってくるようになっているわけです。つまり政府の財政赤字の拡大は、民間の市場の側から見れば、「良いこと」なんですよ。

もっとシンプルにいうと、「政府の赤字」は「民間の黒字」なんです。「民間が黒字になる」ということは、民間の市場に外部から資金が注入されることを意味します。政府が赤字国債を発行すること、すなわち「政府の赤字」は、「民間市場への外部からの資金注入量」そのものになります。政府の国債発行によって、私たちのおカネが増える。要するに、国民が豊かになる。政府の赤字は、民間の黒字なんですよ。いうまでもなく、私たちは「政府」ではなくて、「民間」です。

MMTは、こうした貨幣循環の「事実」に着目した上で、政府の財政赤字を、民間市場への資金注入量の拡大を意味するものとして肯定的に捉えるわけです。一般的な風潮は、「政府の財布」を重視する視点を持ち、財政赤字を悪しきものと見なすわけですが、MMTは、「民間の豊かさ」を重視するという視点を持っているのです。

――なるほど。政府から見たら赤字でも、私たちから見たら黒字になる。政府の赤字=民間の黒字。そう、そうですよね！　政府の財布から、コロナ対策の給付金10万円を引き出したら、私の財布は一気に10万円増えましたもん。

藤井　そうでしょ。その10万円はもともと、政府が国債を発行して用立てたものです。つまり、政府が10万円の借金をして、私たちに給付したわけです。で、その政府の借金のおかげで、10万円が何もないところから生み出されたというわけです。

――ということは、自分はどうにか暮らせているからと、10万円給付の申請を遠慮したりするのは、全然、世の中のためにならないわけですね！

藤井　そうです。そうやって遠慮してしまえば、10万円が生み出されなくなってしまうのですから。世の中のおカネの総量が10万円分少なくなってしまうんです。

――そういえば当初、10万円給付の申請をするつもりかと聞かれた菅義偉官房長官(当時)が、「常識的にはしないと思う」とおっしゃってましたけど、政治家の「常識」に従っていると、国民はちっとも豊かにならない、ということですね。

藤井 そうなんです。多くの政治家が、給付金をもらわないことが良識だと思っていらっしゃるようですけど、経済の実態を知っている者からしたら、彼らの良識なるものは、とんでもない「非常識」なんです!

話を戻しましょう。さきほどの「誰かが借りていないと世の中のおカネがなくなってしまう」という話ですが、おカネを借るときに大事なのは何だと思いますか?

――信用、ですよね。

藤井 その通り。僕が数兆円の資産家だとか、出す本はいつもミリオンセラーだとか大ボラふいても、銀行は1億円なんて大金を僕に絶対に貸してくれない。そんな僕を信用しないからです。借金ができるのは信用のある人ですよ。お金持ちよりも信用があるのは、トヨタとか日立製作所とかの大企業。大企業よりも信用があるのは、間違いなく政府です。だから政府は、「日本最強の借金大王」になれるわけです(笑)。なにしろ紙幣すら生み出せる最大の魔法のペンを持っている日銀の親会社なんですから。

今は景気が落ち込んでいて、大企業も儲かったおカネを一向に使わず、内部留保として溜め込み続けて、世の中で回っているおカネがちょっとしかない。そんなとき、誰におカネを増やすことを頼みますか？　もちろん、政府でしょ！　この国で誰が一番借りられるかといったら、政府しかないのです。ここで政府が借金をしなかったら、国民は貧乏なままですよ。

税金は財源ではない

――じゃあ、政府がどんどん借金したほうがいいというわけですか？　赤字国債をどんどん発行して、おカネをつくり出して、それを財政に回せばいいのなら、私たちの税金なんて必要なくなるんじゃないですか？

藤井　よくある質問ですが、「誰も税金なんて払わなくていい」というわけにはいきません。もちろん政府はやろうと思えば国債を無限に発行して財政出動（政府が公共事業などに投資したり、政府の資金でモノやサービスを購入したりすること）を行い続け、民間に貨幣を無尽蔵に供給することはできます。でも、だからといって、政府が税金を取らずにジャブジャブおカネを国民に支払い続ければ、みんながとてつもなくお金持ちになっていく。そうなると、みんながいろんなモノやサービスを買いまくります。でもモノやサービスの量は一定ですから、どうなると思います？

――そうなると……物価が上がっていきますよね？

藤井　そうです。要するに、「需要」に「供給」が追いつかなくなっていくから、必然的に物価が上がってしまうのです。たとえば、新型コロナウイルスが流行し始めたころ、感染予防でマスクを買いたい人はいっぱいいるのに、生産が間に合わなくて量が足りず、マスクの値段が高騰しましたよね。社会状況は違うけど、供給が需要に追いつかなくて物価が上がる、というのはそういうことです。

ちなみに、物価が上がることを「インフレ」と呼んでいます。また、なかでもその物価上昇率が凄まじい状況になっていることをしばしば「ハイパーインフレ」といいます。第一次世界大戦後のドイツでは、たとえばジャガイモ数個を買うのにリュックいっぱいの現金が必要になって、お札がほとんどただの紙切れになってしまう、なんてことが起こりました。それが「ハイパーインフレ」という状況です。ケーガンという経済学者によると、ハイパーインフレの定義は、インフレ率（物価上昇率）が年率約１３０００％を超える状況です。

――ということは、昨年まで100円で買えたモノが……1万3000円になるわけですよね。おお、こわっ！

藤井　まぁ、そんなことが起きる場合は極めて稀です。戦争で国内の生産能力が破壊されたり、大きな革命が起きて旧体制が瓦解したりした場合くらいです。

なんにしても政府が税金も取らないで、ただただ政府支出だけを続ければ、そんな極端なハイパーインフレなんかにならなくても、そのうちインフレになります。いい感じでゆっくりと物価が上がっていくインフレは、実は社会にとってとても良い状況です。それを通して私たちの給料も上がっていくため、社会全体が豊かになっていくからです。戦後の高度成長期なんかは、ちょうどそんな感じですね。みんなが豊かになっていった。

でも、給料の上がり方よりも物価の上がり方が早くなるくらい過剰なインフレになると、庶民の暮らしは当然、苦しくなる。そんなスゴいインフレ状況のなかで、政府が国債を発行して政府支出をさらに続けてしまうと、インフレがますますひどくなって、庶民の暮らしはもっと苦しくなってしまう。つまりインフレがひどくなると、政府が福祉だとか教育だとか国民のための政府支出をやればやるほど、そのインフレがさらにひどくなって、どんどん国民は苦しくなっていく、という悪夢のような状況に陥るわけです。

だから、そんな過剰なインフレを避けつつ、そして政府が政府として必要な福祉だとか教育だとかにおカネを使い続けられるようにするためには、政府は世の中のおカネの量を増やすだけでなく、「減らす取り組み」もしておかないといけない。

それこそが、「税金」という仕組みです。

つまり政府は、「政府支出」でもっておカネを供給し、「税金」でおカネを吸い上げて、国民があまりに金持ちになりすぎないようにしているわけです。そうやって「税金を取る」という仕組みを導入することで、過剰なインフレにならないようにしつつ、必要な政府支出を続けることが可能となるわけです。

繰り返しますが、政府が税金も取らずに福祉や教育などの支出を毎年続ければ、不適切なインフレになって、政府支出も続けられなくなる。だから、福祉や教育をやるためには、税金システムがどうしても必要なんです。

経済学者も含めたほとんどの人は、「福祉や教育の財源のために、税金が必要だ〜!」といっていますが、それは間違い。税金なんかなくても、政府はおカネをいくらでもつくれるんだから、福祉や教育はいくらでもできる。しかし、それでは過剰インフレになるから、その調整のために税金が必要なんですね。

――そんな話、初耳です。てっきり、政府は税金で取り立てたおカネを使って、政府支出をしているものとばかり思っていました。

藤井　それが当たり前の、みなさんの常識的なイメージですよね。でも、それって、政府がおカネをつくれるんだ、ということを忘れた間違ったイメージなんです。政府は、過剰なインフレになることを避けるために、「ガス抜き」のように税金を取っているのであって、支出するための財源として税金を取り立てているわけじゃないんですね、本当のところは。

国債発行の上限はインフレ率で決める

――常識とはかなり違うイメージですね。でも、よくよく考えてみたらなんとなくわかる気がします。毎年、確定申告をしていますが、あれって昨年分の経済活動について申告するんですよね。つまり政府は翌年まで一部しか税収を得られないのだから、税金が財源になるはずがない。しかも政府は毎年、予算については普通に執行している。先におカネをつくって支出しているわけですよね。要するに、毎年毎年、政府支出のために、政府が日銀の力を使いながらおカネをつくり出している。でも、それじゃ、おカネが増えすぎて過剰なインフレになる。だからガス抜きのように税金を取り立てて、おカネを消去しているんだ！　と思えば、なんだかそう考えるのが当たり前だっていう気もしてきました。

藤井　そうでしょう。おカネは金貨のように固定されたものではなくて、借りたり返したりするたびに、泡のようにできたり消えたりするもんだ、っていうイメージを思い出してください。

――おカネは借りれば生まれる、返したらなくなる、でしたよね。

藤井　そうそう、借りたときにポコッと生まれて、返したときにポコッと消える。というのも、おカネというのは、「貸借関係の記録」なんですね。

――貸借関係の記録？

藤井　貸借の関係とは、つまり借りと貸しの関係です。たとえば僕があなたに何か良いことをしてもらったら、僕はあなたに「借り」ができますよね？　で、あなたは僕に対して「貸し」ができます。そういう、僕とあなたの間にある「貸し借り」の関係の「記録」というのが、「貸借関係の記録」であって、それこそが、おカネ、というものの本質なんです！

――それがおカネの正体？

藤井　そうです。だ、か、ら、政府が銀行から借りれば、そこに「貸借関係」ができて、その記録として、おカネができあがるわけです。そして、その借りを返せば、その貸借関係は消えてなくなるので、その分のおカネもなくなるんです。貸借関係っていうのは、貸しを返すまでの間しか存在しないですよね？　だから、貸しをつくったときにおカネができ、それを返したときになくなるんです。

――あー、なるほど。ということは、政府が「おカネをつくる」というのは、政府が政府の力を使って「借り」をつくる、つまり、「貸借関係をつくり出す」ってことなんですね。

藤井　まさにその通り。おカネというものは、貸借関係の記録、貸し借りの記録なんだと思えばいいわけです。

――ところで、政府が今みたいに「借り」をつくり続けて、政府の赤字が膨らむと、いずれハイパーインフレになる！　と主張している人たちが、経済学者やエコノミストを含めて大勢いますけど、そういう意見は正しいのですか?

藤井 完全な間違いです。それは彼らの単なる妄想ですよ。さきほども少しお話ししましたが、借金が増えてハイパーインフレが起こるなんてことはこの現実世界ではほとんど考えられない。ハイパーインフレがあるとすれば、供給力が戦争とかクーデターとかで一気になくなってしまったときくらいしか現実的には考えられないんです。たとえば日本では、最も供給能力が需要に対して不足したのは、戦後の1946年ごろ。日本は国内の工場や都市をアメリカ軍に焼き払われ、生産や流通がほぼ不可能になっていた。このときに、インフレ率がものすごく上がったんですが、それでも東京の小売物価指数では最大で年率513・8%。ケーガンの定義でいうなら、これですらハイパーインフレとは呼べない。

いいですか、今の日本ほどインフレと縁遠い国はありません。2013年3月以降、日本銀行は数百兆円規模で国債を買い取って、日本円を新たに発行したにもかかわらず、インフレ目標の2%にすら届かなかった。日本は戦後から随分と豊かになって国内の供給力が十分あるから、ちょっとやそっとではインフレにならない状態なんです。2%すら一向に達成できない日本で、どうやったらインフレ率が13000%になるんですか？　しかも、コロナショックで瀕死の状態になっている日本経済に、そんな心配は一切無用です。栄養失調でガリガリに痩せ衰えた女性が、肥満になったらどうしようと四六時中考えて、食べ物が食べられなくなっているようなものです。

――正気じゃないですね（笑）。

藤井　まさにそうです。無限に国債を発行して財政支出すれば、いずれはハイパーインフレになるでしょうけど、国内の生産施設がこれだけ豊富にある以上、そう易々とそんな事態になるはずがありません。今の日本がハイパーインフレになるとすれば、戦争か何かで生産施設の半分以上が破壊されたりするときくらいでしょう。政府が少々支出を増やしたからといって、ハイパーインフレになるはずがありません。

ただ、先にも触れましたが、インフレ率10％とか20％とか、給料が上がっていくペースを超えて物価が上がっていく状況になると、実質的に国民が貧困化してしまうので、おおよそ2～4％くらいの範囲にインフレ率が安定的に収まっているのがちょうど良い感じになります。実際、日本政府は安倍内閣以降、一貫して「2％」程度のインフレ率を目指すといっています。

しかし残念ながら、今の日本のインフレ率は0％前後をうろついている状況。こういう状況では、減税をするか、あるいは国債発行額を増やして政府支出を拡大するかして、インフレ率を2～4％程度に収まるように調整することが必要です。ちなみに、今のコロナ不況の日本の状況だと、100兆円くらい出しても過剰なインフレになることはあり得ないでしょう。

だから逆にいうと、政府は100兆円出すくらいの勢いでコロナ不況対策をやらないといけないわけです。そうじゃないと、ずっと物価が上がらず、賃金も上がらず、ずっと貧乏な国民がいっぱいいるままの現状が続くことになります。岸田内閣は、数十兆円規模の経済対策をやるんだ、といって誕生しましたが、その程度の対策を一回こっきりやったくらいじゃ、コロナ不況が終わるなんてことは絶対ないんです。

国民の所得が減り続けていく「デフレ不況」

――日本はずーっと「デフレ不況」だといわれてますよね。そもそもインフレとデフレは、どこがどう違うのか。改めて、教えてください。

藤井　インフレはインフレーションの略称で、インフレーションとは「膨張」っていう意味です。だから、投資や消費も増えるし、賃金も増えて、物価も上がっていきます。デフレはデフレーションの略で、膨張の逆の「収縮」を意味します。だから、投資も消費も減り、賃金も物価も下落していきます。もっとわかりやすくいうと、みんながお金持ちになっていく経済状況がインフレ、逆にみんなが貧乏になっていく経済状況がデフレです。だからよく政治家たちが「デフレ脱却！」っていってますが、これって「貧乏脱出！」っていってるのと同じなんですね。

それで、インフレになるのは、モノやサービスを生産する量「供給」よりも、人がモノやサービスを買う量「需要」が多い場合。デフレになるのは逆に、人がモノやサービスを求める量「需要」に比べると、モノやサービスを生産する量「供給」のほうが多いときに起こります。要するに、「需要」が足りなくて、モノの値段が下がり続ける状態です。

——モノの値段が下がるっていいことじゃないですか！　なんでも安くなったほうが、私たちの生活はラクになるでしょう。

藤井　いやいや。喜んでいる場合ではありませんよ。デフレになると下がるのは物価だけじゃなくて、給料も下がっていくんですよ。デフレというのはみんなが貧乏になっていくっていうことなんですから、いいことのはずがないじゃないですか。

そもそも需要より供給が上回っているというのは、つまり、つくったモノが売れ残るということです。売れないと、企業は商品の値段を引き下げます。それでも売れないと、原価ギリギリの値段まで下げてでも売ろうとする。結局、売れなくても売れたとしても、企業の利益は減ります。そうなると、そこで働いている人たちの給料が減って貧乏になります。貧乏になれば、節約せざるを得なくなります。そうなると、世の中の消費が減ります。世の中の消費が減少すれば、別の人たちの給料も下がります。あなたやあなたの家族の給料も下がってもっと貧乏になります。多くの人が財布の紐を締めるようになりますから、ますますモノが売れなくなって、どんどん経済が落ち込んでいってしまうわけです。

——いわれてみれば、確かに物価と共に我が家の収入も落ちてきています。あれが安くなった！　これも安い！　と喜んでいるうちに、めぐりめぐって自分たちの賃金も安くなっていたわけですね。今の今まで、それに気づかなかったなんて、我ながらほんとにアホですねぇ……。

藤井　デフレ、インフレをただ単にモノの値段の変化だと思っていると、モノの値段が下落するデフレは悪いという感じがしないでしょ。でも、もともとの意味が最初にいったように、インフレは「膨張」、デフレは「収縮」です。だから、インフレは経済が膨らんでいくイメージ、デフレは経済が縮んでいくイメージで考えてください。

――あ、そうでした。それだとわかりやすいですね。デフレは経済が縮んでいくのだから、いいわけがない。って、これからも経済は縮むわけですか？

藤井　はい。政府が何もしなければ、デフレは自動的に悪化していくんです。いったん坂道で石が転がりだしたらずっと転がり続けますよね。それと同じです。たとえば企業は、給料を削減しても利益が確保できなければ、従業員を解雇することになります。失業者はいよいよモノを買えなくなります。そういう人が増えると、なおいっそう景気は冷え込みます。

このように、「デフレ不況」というのは、値段を下げても需要が伸びず、景気の悪化が繰り返されて止まらなくなり、ますますデフレが進行するという悪循環が続く状況です。簡単にいえば、私たちの「所得」が下落し続けていく状況を指します。

――これから先も、下がり続けるんですか？

藤井　はい、確実に。デフレから脱却しない限り、国民はどんどん貧しくなっていきます。

――ゲーッ！

「景気は緩やかに回復している」はやっぱりウソだった

――デフレからの脱却といえば、第2次安倍内閣が発足した2012年12月26日に安倍総理（当時）は、「デフレ脱却が我々の政権に課せられた使命であります」とおっしゃっていましたよね。そして、7年後の2019年11月20日、在職日数が第1次内閣を含めて通算2887日という憲政史上歴代1位になったことを受けて、安倍総理は記者会見で、「デフレからの脱却、少子高齢化への挑戦、戦後外交の総決算、その先には憲法改正もある。チャレンジャーの気持ちで令和の新しい時代をつくる」と表明されていました。

前々から、政府がいくら「景気は緩やかに回復している」といっても、私はピンとこなかったのですが、そのコメントを耳にして、ああ、やっぱりデフレ不況は続いていたんだな、と納得できました。

藤井　2020年7月30日ですよ、ようやく内閣府が「2012年12月から始まった景気の拡大局面が2018年10月に終わり、景気後退に入った」と認めたのは。

２０１９年のことではなく、景気が後退したのは２０１８年のことなんですよ。

――やっぱり、だましてたんですよね、２年近くも！　不動産業は景気がいいと聞いていたし、株をたくさん持っている人は「使い切れないくらい儲かった」と吹聴していたので、確かに一部の人は本当に景気が良かったのでしょうけど、私のまわりで景気が良くなったという人は一人もいなかった。「景気は緩やかに回復している」と聞くたびに、私たちだけ景気が悪いの？　と思っていたけど、少なくとも２０１８年11月からは本当に景気が悪化していたんですね。それを隠して、ウソをつき続けていたなんて！　ひどい、ひどすぎる。国民をバカにするのもええ加減にせぇーっ‼　あ、ごめんなさい、はしたなくて。

藤井　いやいや、これはキレてもおかしくない話です（笑）。国民のみなさんは、本当のことをもっと知って、もっと怒るべきですよ。正当な怒りを持てない人が多過ぎることこそ、問題だと思います。僕なんか、このニュースを聞いたときはキレまくりました。

　というのも僕は、２０１９年の８月の時点で、去年の10月がピークですよ、と政府の方たちにいっていたんですよ。10月がピークで下がってきてるんですよ、とずーっ

［図表２］ 景気動向指数（「CI 先行指数」と「CI 一致指数」）の変化

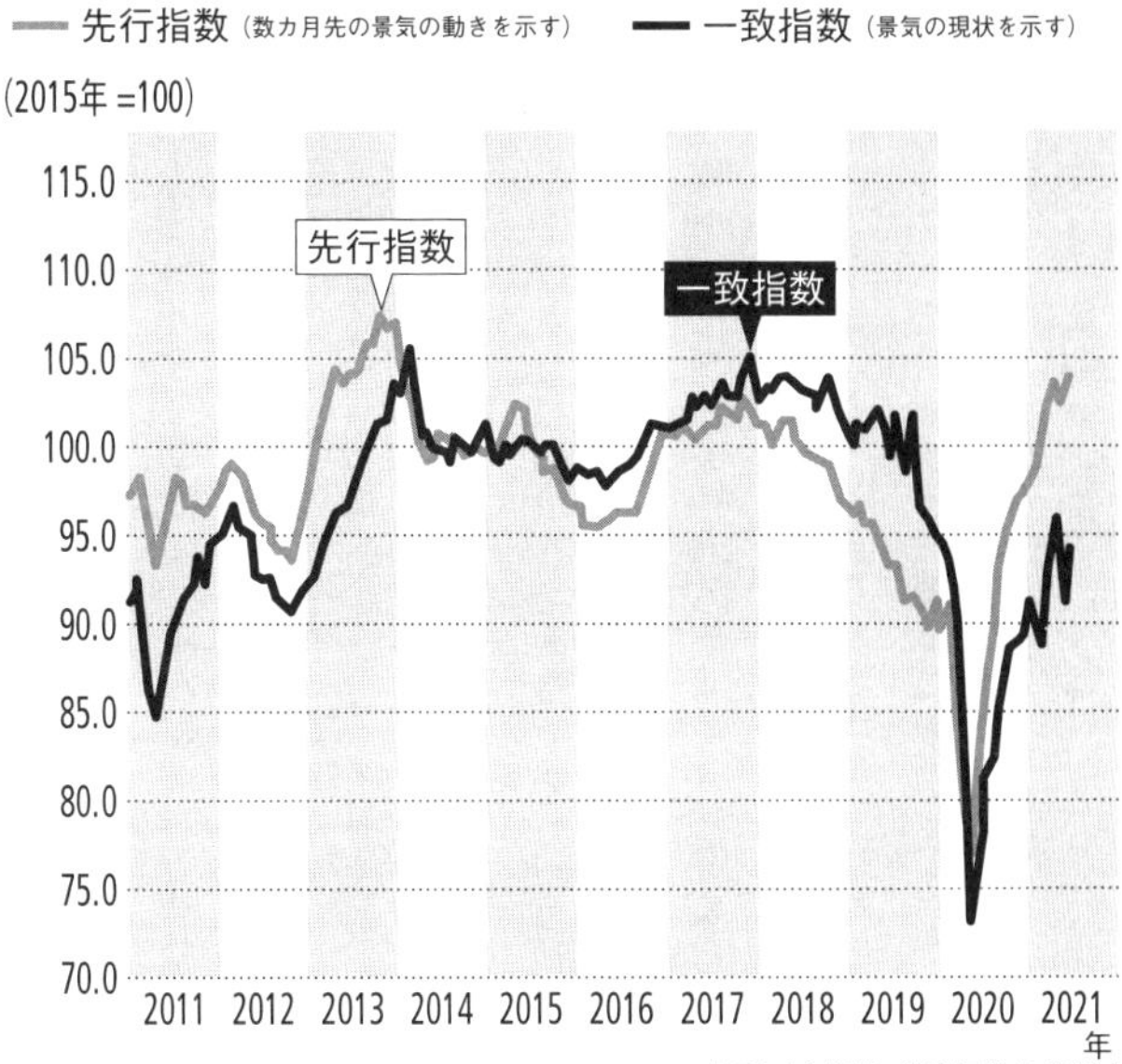

出所／内閣府「景気動向指数」

と繰り返し、繰り返し、話していたんです。２０１８年の10月でピークやんけ！　と。あ、キレてしもた。グラフの形（図表２）から明らかじゃないですか、と話していたのに。このグラフを見たら、小学生でもわかるでしょ。

なのに、「景気は緩やかに回復している」と、ずーっといい続けたんですよ！　目はついてんのか、ちゃんとグラフを見ろ、と。あかん、この話になると、やっぱりキレてしまう（笑）。グラフを見たら、2018年の10月に山の頂上があるのがわかるでしょう、と。だから景気が後退していることがもうハッキリ判断できるんだから、増税なんかしちゃ絶対だめだってずっといってたんです。政府が消費増税するといってた2019年の10月になる前に。

それは僕だけじゃなくて、心ある人たちはみんな、そういっていたんです。それなのに「景気は緩やかに回復している」といい続けて、景気が上向いているからと消費税率を上げたんですよ。

——消費税を上げるためのウソですか。でも増税してからも、「景気は緩やかに回復しています」とおっしゃっていましたよね。

藤井　はい、強弁していらっしゃいました。事実は全く違う。消費税を10%に増税したことによって、2019年10月1日から景気はとてつもなく悪くなっていたんです。景気動向指数DIというのがあるのですが、これはいろんな景気の尺度のなかで何%良くなっているかを判断する数値で、最低がゼロ、最高が100なんです。そのデータを見ると、10月ゼロ、11月もゼロですよ。滅多にないんですよ、2カ月連続ゼロというのは。コロナ以前の直近でいえば、2008年のリーマンショック、その前が

1998年でデフレに陥ったとき、その前はバブル崩壊という歴史的な経済ショックのときと同じなんです。それで「景気は緩やかに回復している」なんて、とんでもないウソだったんですよ。

――経済に弱い私でも、さすがにそれはウソだと気づいてました。スーパーへ買い物に行くと、売り出しの日はものすごい人だし、1日のうちでも、30%引きとか半額とかの割引シールが貼られ始める夕方が混んでいるんですよ。これで景気が回復してるわけないやん！ と思ってました。

藤井 デフレのときは、世の中に出回っているおカネの量が少ないんです。だから民間市場に外からおカネを注げばいい。不況期は多くの民間企業や個人はおカネを出したくても出せない状況なのだから、政府が国債を発行しておカネをつくり出し、それを民間市場に注いで国民を豊かにする財政政策をどんどん打ち出せばいいんです。

その典型が中国ですよ。彼らは、リーマンショックなどの不況になれば、政府の借金が増えることなどお構いなしに、50兆円を上回る凄まじい財政出動を行って、たちどころにショックから立ち直り、ここ20年ほど超絶なスピードで経済成長を果たしてきました。

ところが日本は、「国の借金が膨らむと財政破綻する」という妄想に取り憑かれて、デフレ不況に陥っているにもかかわらず、政府は十分なおカネを民間市場に注がない。それどころか、安倍政権は二度にわたって消費税を上げたんですよ。消費税を上げるから、人はますますモノを買わなくなる。世の中に出回るおカネの量がますます減っていく。「デフレ脱却」など、できるわけがないのです。

第2章
「消費増税しないと将来にツケを残す」というウソ

結局、アベノミクスはどうなったのか

――今さらですが、アベノミクスという経済政策はそもそもどういったものだったのか、成果はどうだったのかをきちんとここで理解しておきたいと思います。私が不勉強だったこともありますが、私を含めて多くの国民が政府やマスコミにずいぶんだまされてきたみたいですから。

藤井　もう今となっては、アベノミクスなんてむか〜しの話、と思っている人もいるかもしれませんが、菅内閣は安倍内閣のアベノミクスを踏襲していましたし、新しくできた岸田内閣も結局アベノミクスを改良し、継続するっていっています。だから改めてアベノミクスを振り返るのは今、とても大切なんですよ。

――藤井先生は、第2次安倍内閣が発足した２０１２年12月26日から6年間、内閣官房参与を務めていらしたんですよね。どんなお仕事をなさっていたのか教えていただけますか？

藤井　「内閣官房」というのは、内閣総理大臣を中心に構成された「内閣」の事務を取り仕切る組織です。「参与」はその内閣官房のアドバイザーで、最も重要な責務は総理大臣に政策アドバイスを行うことでした。

第２次安倍内閣が誕生したときに任命された内閣官房参与は、僕を含めた７人。そのうち「経済政策」を担当する参与は、僕に加えて、金融政策の重要性をとりわけ強調していた浜田宏一イェール大学教授と本田悦朗静岡県立大学教授（共に当時）の３人でした。

――藤井先生は社会工学者でいらっしゃいますよね。どうして、それほど経済政策にお詳しいのですか？

藤井　僕が大学で専攻したのは土木工学ですが、土木工学の４分の３は物理学をベースに橋、トンネル、ダムなどを造るハード分野なんですが、残りの４分の１は経済学を中心とする社会科学をベースとして、都市政策や国土政策、そして経済政策を考えるソフト分野で、土木計画分野と呼ばれています。

僕は、そのソフト分野の研究室出身で、学位論文は計量経済学、とくに行動計量経済学だったんですね。そもそもインフラを整備するには巨額の政府資金がいるし、それをやった場合、スゴい経済的影響がある、ついてはその財源をどう調達するのか、そしてそれをやったときに経済効果はどれくらいになるかを考えるのが土木工学、とりわけ土木計画分野の課題なんです。で、僕は行動経済を中心にやっていたということともあり、マクファデンやカーネマン、セイラーといったノーベル賞受賞経済学者たちの研究グループといつも仕事をしてたんです。つまり私たちはいわば、土木の政策論を専門とする経済学者なんですね。

それで、僕が総理から直接いただいた辞令は、「防災減災ニューディール担当」の内閣官房参与職でした。「ニューディール」という言葉は、20世紀前半のアメリカでルーズベルト大統領が大恐慌を乗り越えるために断行した超大型経済対策の名称です。その内容はまさに、僕が安倍総裁に提案していた「金融政策＋経済政策＋インフラ政策」の3点セットを意味するものでした。

そもそも僕は、安倍内閣が誕生するかなり前から、学者としての研究を通して、90年代後半に始まった「デフレ不況」を終わらせることが、日本の政治において何よりも重要だと考えていたんです。

そのためには、大型の財政政策と金融政策を一定期間継続することが必要不可欠である。それと共に、1000兆円規模の被害をもたらす首都直下地震や南海トラフ地震に対して、大規模な公共投資を前提とした抜本的な対策を施すことが、日本の防衛の視点から絶対に必要だと考えていました。

こうした問題意識を安倍さんが自民党総裁に就任される前の一衆議院議員だったころからレクチャーをさせていただいていたのですが、その内容に対して総理が賛同し、よし藤井君、ぜひ、それをやろう、なんて感じだったから、僕を内閣官房参与に任命されたのだと思います。

まぁいわば安倍さんは、僕を気に入ったからプロポーズしてきた、みたいな話ともいえますよね（笑）。総理大臣が僕のアドバイスを聞いてくれるならデフレ脱却できるかも、って僕も思ったからOKしたわけです。

でも僕が、デフレ脱却のためには消費税増税だけは絶対にやっちゃだめだ、って参与になる前から何度も何度もいってたのに、「え、それやっちゃうの⁉」ってのが後でわかるんですが、まぁ、ホント、残念というか哀しいというかなんというか……そんな話ですね（苦笑）。

――そうだったんですか……。そのお話はおいおいお聞きするとして、安倍さんが第2次安倍内閣の使命だとおっしゃっていた「デフレ脱却」のために大々的に打ち上げた「アベノミクス」とはどんなものだったのですか？

藤井　アベノミクスは、第1の矢の「金融政策」と第2の矢の「財政政策」、第3の矢の「成長戦略」の3本の矢で構成される経済政策ですが、デフレ脱却を果たすために必要なのは、第1の矢と第2の矢でした。第1の矢の「金融政策」で、日本銀行から一般の銀行を中心とした金融市場に大量のおカネを供給する。そして、第2の矢の「財政政策」で、金融市場に注がれた大量のおカネを政府が借りて、さまざまな形で世の中に支出して実体経済を活性化していく。

――すみません……、実体経済って何ですか？

藤井 簡単にいうと、モノとサービスを生み出すことで利益を得る経済活動のこと。一方、国債や社債などの債権や株式を売買して、おカネでおカネを増やして利益を得るのが、実体のない金融経済です。

――先生や私も含めて、世の中のほとんどの人が実体経済の担い手ということですね。金融政策と財政政策をしっかりと連動させて、私たちの経済活動を後押ししていく。それが、アベノミクスだったわけですね。

藤井 安倍内閣において「アベノミクス」と呼ばれてはいましたが、積極的な金融政策と財政政策の組み合わせは、別にオリジナルな政策というわけではありません。さきほど話したように、世界大恐慌の際にアメリカのルーズベルト大統領が行った

「ニューディール政策」は、まさにこうした積極的な金融・財政政策のパッケージでした。

２００８年のリーマンショックが直撃したアメリカのオバマ政権も、積極的な金融政策と共に90兆円規模の財政政策を行っています。同じタイミングで中国もまた、リーマンショックによる大ダメージを乗り越えるために、60兆円規模での財政政策を展開しました。

つまり、デフレ不況を乗り越えるための大規模な金融・財政政策は、アベノミクスと呼ぶかどうか以前に「当たり前」の政策なのです。

第１の矢「金融政策」は的を射ていた

――その当たり前の政策が、安倍内閣では具体的にどう進められてきたのか、教えてください。

藤井 第1の矢である金融政策については、十分すぎるほど実行されました。金融政策というのは、「マネタリーベース」を増やしていく対策です。マネタリーベースとは、日本銀行が民間金融機関に供給しているおカネの総量を指します。

図表3をご覧ください。「マネタリーベースの推移」を表したものですが、安倍内閣が誕生してから急激に拡大しています。

――すっごい右肩上がりですね。

藤井　これが世にいう「異次元の金融緩和」です。第2次安倍内閣が発足して以来、インフレ率2％の実現を目標に、日本銀行が国内の市中銀行から国債を買い入れることによって、おカネを発行してきました。

厳密にいうと、現金を発行しているのではなく、各銀行の日銀当座預金の残高を増やしてきたわけです。

インフレ率2％を目標にするのは、前にも触れたように適度なインフレが経済成長につながるからです。インフレになると、モノやサービスの価格が上昇しますが、これは、おカネの価値が下がるという見方もできます。たとえば、500円のモノが1000円になると、千円札が500円の値打ちしかなくなったというふうに考えられるということです。そうなると、私たちは手元にやってきたおカネを貯蓄するより消費や投資に回そうという傾向が強くなります。インフレのときにおカネをじっと持っていたら、どんどんそのおカネの価値が下がっていきますから。そのため、みん

［図表3］マネタリーベースの推移

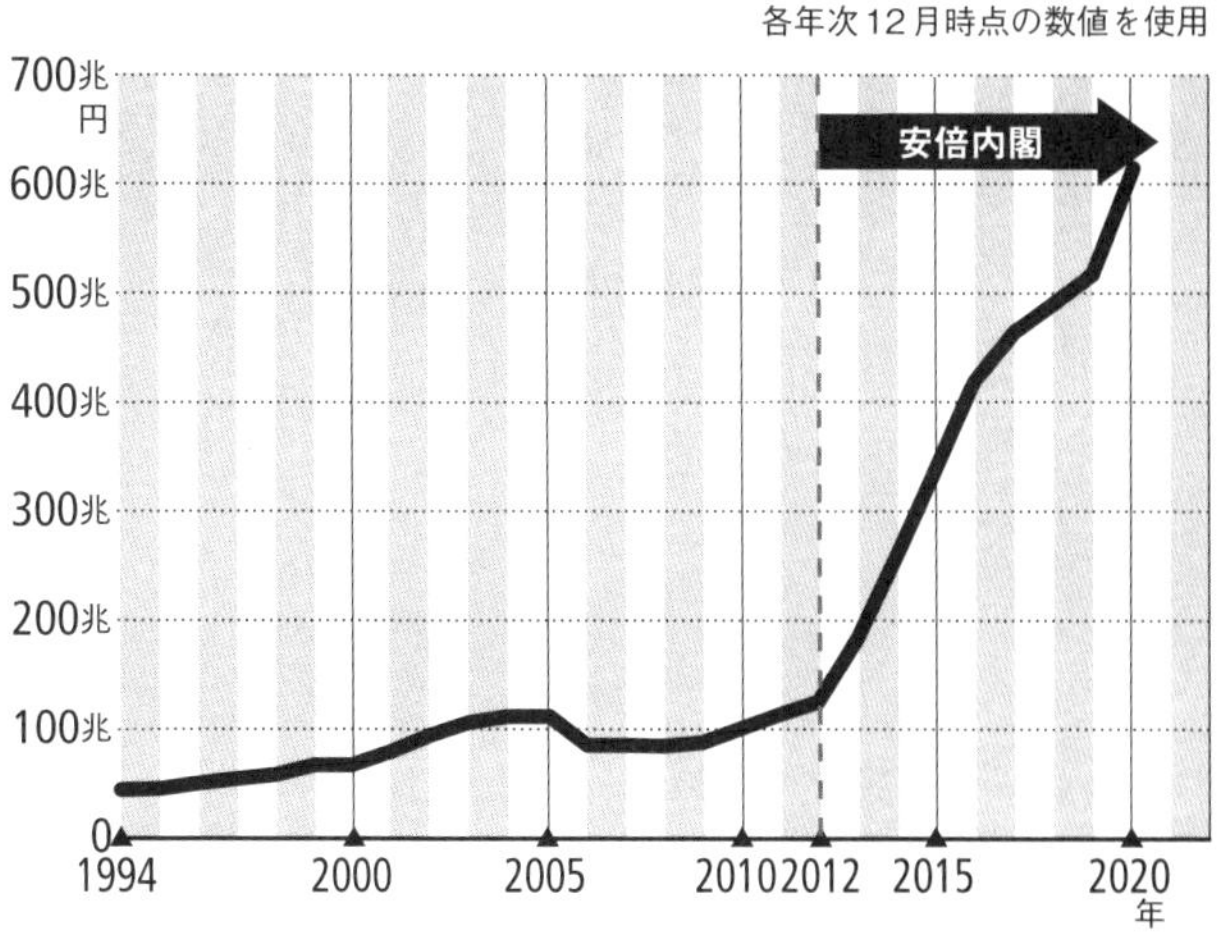

出所／日本銀行「マネタリーベース」

ながおカネを手放そうとするようになる。結果、投資や消費が拡大し、経済成長につながっていくのです。

経済成長というものは、人々が活発に消費し、投資することで進んでいくものです。つまり人々が活発におカネを使えば、あらゆる商売が儲かるようになっていく。そして労働者の賃金、給料も上がっていく。そうすれば、ますます人々は消費や投資を拡大していく、という好循環が展開していくことで経済が成長していくわけです。

金融緩和による経済政策というのは、大量のおカネを金融市場に提供していくことで、こうした経済の好循環を支援しよう、というものなんです。そういう意味で、安倍内閣の金融政策は評価できます。どんどんおカネをつくって、安倍総理が辞任した2020年9月時点のマネタリーベースは585兆470億円と、600兆に迫る勢い。日銀が金融市場に供給したおカネは585兆470億円ですよ。しかし、それでもインフレ率2％という目標に届かなかった。

飛んでいなかった第2の矢「財政政策」

――かつてないほどジャブジャブおカネをつくって、どうして、そんな結果になってしまったのですか？

藤井　前にもいったように、インフレ期は、モノやサービスの価格が上がります。モノやサービスの価格が上がるときというのは、当たり前ですが、需要が高まってモノやサービスがたくさん買われたときです。

日銀がいくら国内の市中銀行から国債を買い取っても、モノやサービスの購入が増えなかったらインフレにはなり得ません。国債を買い取って市中銀行の日銀当座預金がどれだけ積み上がっても、それを誰かが借りて、消費や投資としておカネを使わなくては、インフレにはならないのです。

――おカネは借りたときにつくられる、でしたね。

藤井 そうです。借りて、そのおカネを消費や投資として、モノやサービスの購入に使って初めて、モノやサービスの価格が上昇するわけです。それを、アベノミクスの第2の矢「財政政策」でやらなくてはならなかった。やらなくてはならなかったのに、やらなかった。日本はずっとデフレ不況で、民間企業も個人も借りないのだから、繰り返しますが、借りられるのは政府しかないんですよ！

「財政政策」というのは、金融市場に注がれた大量のおカネを政府が借りて、何らかの形でそのおカネを使うことによって実体経済を活性化していく対策です。したがって、安倍内閣の財政政策は「政府から民間市場にどれだけのおカネを注入したのか」で評価することができます。

「政府から市場に注入したおカネの総量」は、「政府が市場に対して支出した金額」から「政府が税金などで市場から吸い上げた金額」を差し引いたものです。これは政府による「資金供給量」とか「財政収支」とか呼ばれています。たとえば、60兆円を支出する一方で50兆円の税収を得れば、差し引き「プラス10兆円」を市場に注ぐ財政政策を行ったことになります。あるいは、40兆円支出した一方で50兆円の税収を得ている場合は、資金供給量は「マイナス10兆円」になるわけですね。

図表4は、政府の資金供給量（財政支出）の移り変わりをＧＤＰ（国内総生産）比で示したものです。

ＧＤＰとは日本経済の規模を表す指標で、その年に生産されたモノやサービスの総額であり、同時に、国民全体の所得の合計値であり、国民全体の支出の合計値でもあります。

なぜなら、新たに生産されたモノやサービスの価値は、私たちの賃金や企業利益として分配され、それをもとに家計や企業は消費や投資を行うからです。だから、ＧＤＰは、生産面から見ても、所得の面から見ても、支出面から見ても、同じ値になる。経済学でこれを「3面等価の原則」というんですね。

さて、今一度、図表4をご覧ください。ＧＤＰ比で見た政府の資金供給量は、1994年以降、基本的に「プラス」で推移しているものの、その水準は増減しています。たとえば、1998年や2009年のころにはＧＤＰの10％程度の50兆円程度

［図表４］ 資金供給量（財政支出）の対GDP比の推移

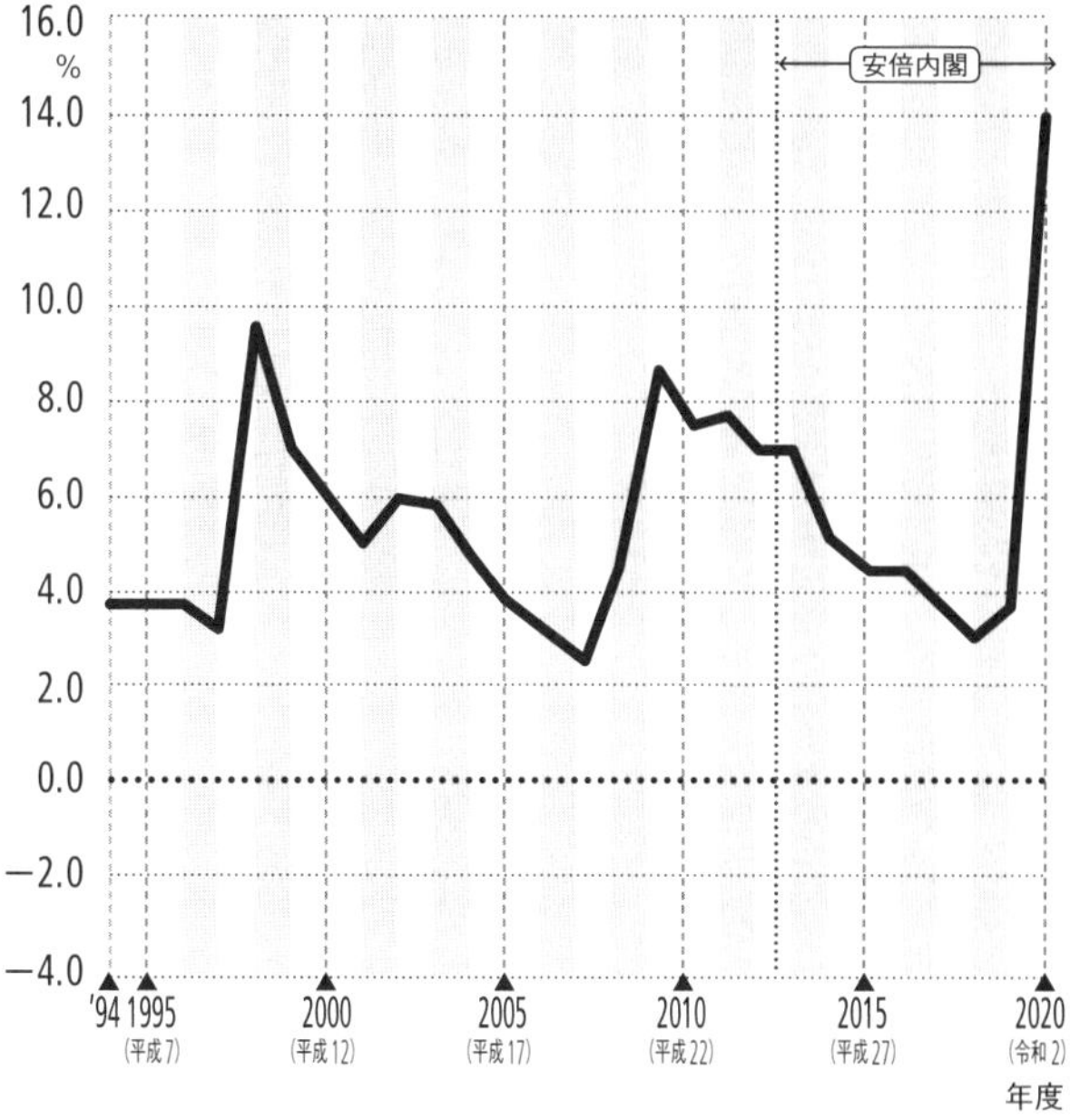

平成13年度以前の国財政収支は、SNAベースの純貸出（＋）／純借入（－）を単純に合計したもの。平成14年度以降の国財政収支、国・地方財政収支は内閣府「中長期の経済財政に関する試算」（令和３年１月21日）（復旧・復興対策の経費及び財源の金額除き）ベースであり、単年度限りの特殊要因を除いている。

出所／財務省「日本の財政関係資料」（令和３年４月）

を市場に供給していたのですが、2000年代半ばと2010年代後半はGDPの2〜3%程度、つまり10兆〜15兆円程度しか供給していません。

アベノミクスをぶち壊した消費増税

藤井　第2次安倍内閣誕生時点の2012年では、政府はGDPの8%強である約40兆円を民間市場に供給していました。2013年1月には13兆円もの大型補正予算を閣議決定し、これを2014年3月までの15カ月にわたって、政府は支出し続けました。

その結果、「黒田バズーカ」なる金融政策で金融市場に大量に注入されていた資金が実体経済に注ぎ込まれて、図表5のように、物価の下落が止まり、一部上昇に転じる局面も見られていたのです。

——アベノミクスは成功の兆しを見せていたんですか？

藤井　そうなんですよ！　大型の金融緩和と13兆円の大型補正予算を行って、内需が拡大し、物価が上昇し、ひょっとしてデフレを脱却して、日本はもう一度、経済大国の地位を取り戻すことができるんじゃないか、という声さえ世界的にあったんです。

［図表５］物価（GDPデフレーター）の推移

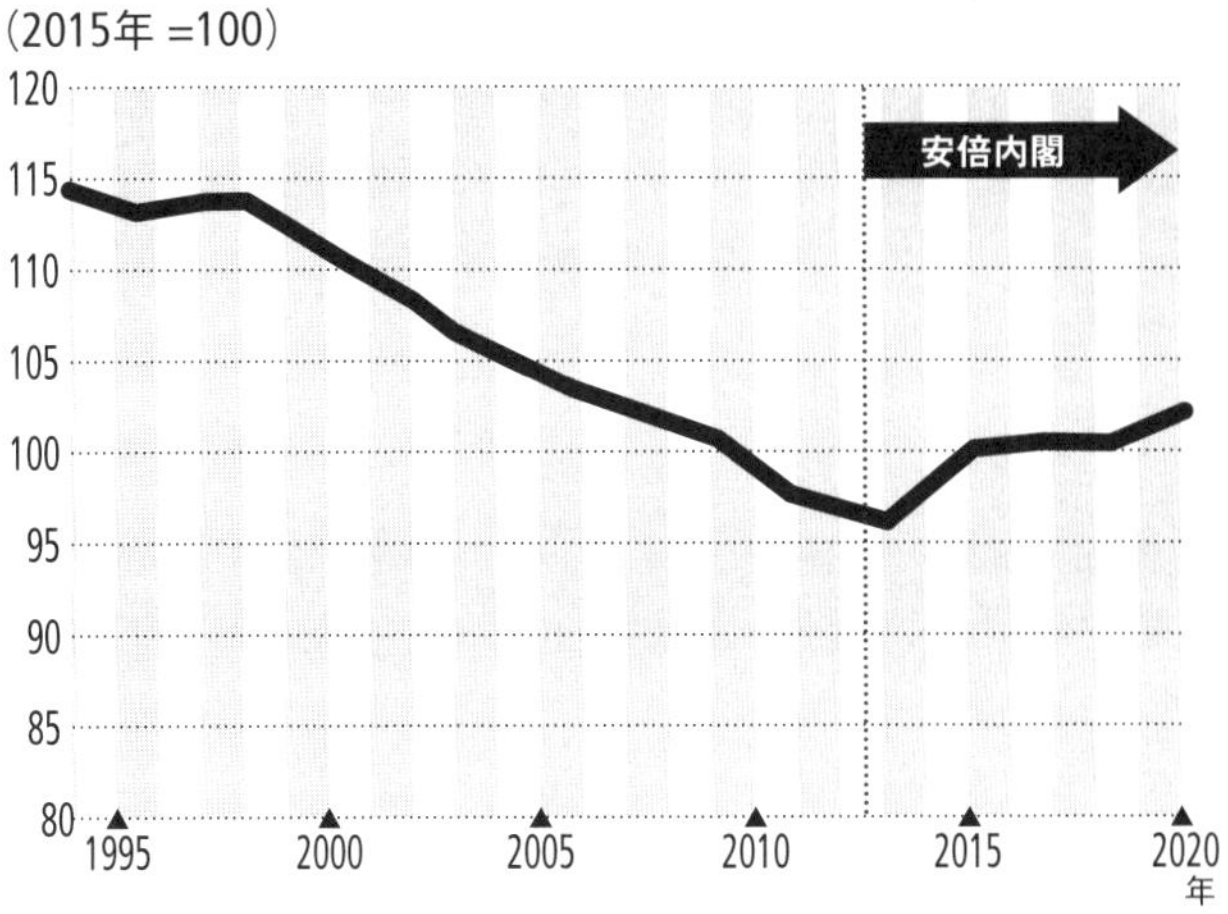

出所／内閣府「国民経済計算（消費税の影響を除去した推移）」

日本でもニュースになったので覚えておられるかもしれませんが、２０１３年の５月に発売されたイギリスのエコノミスト誌の表紙には、スーパーマンの格好をした安倍首相が登場し、「鳥か？　飛行機か？　いや……、日本だ！」と、アベノミクスの成果を称賛した。これからアベノミクスはスーパーマンのように日本を救ってしまうかもしれない、といわれるほど上昇気運に乗っていたんですよ。

その調子でずっと民間市場

におカネを注ぎ続ければ、アベノミクスは成功したはずです。デフレから脱却できたはずなんですよ！

にもかかわらず、大型補正予算適用期間が終了した直後の2014年4月に、消費税を5％から8％へと引き上げた。それを通して政府は8〜9兆円程度のおカネを民間市場から吸い上げ、その結果、政府の資金供給量が激減したわけです。その後も供給量は年々減少していき、2017年にはGDPの3％以下の11兆円程度まで縮小してしまったのです。

財政政策において、政府が民間からあまりおカネを吸い上げないまま、より多くのおカネを支出することを「積極財政」といいます。反対に、大量のおカネを民間から吸い上げているのに、あまり支出しない態度は「緊縮財政」といわれます。

——安倍内閣は、「財政政策に積極的な内閣だ」といわれてましたけど……。

藤井　とんでもない！　実際は、キョーレツな「緊縮財政」内閣だったわけですよ。みんな、勘違いしていたんです。それは単なるイメージだったんですよ。

アベノミクス第1の矢の金融政策は十分に進められたものの、第2の矢の財政政策は進められていないどころか、むしろ後退していた。政府が民間市場に供給するおカネが約40兆円から10兆円規模へと実に30兆円も縮小したのですから、国民のポケットに入るおカネは増えるどころか逆に減ってしまった。安倍内閣下で、実質賃金（物価の変動を加味して調整した、実質的な賃金の総額）は、過去に類のないスピードで激しく下落しています。

要するに、13兆円の補正予算を通して成功の兆しを見せていたアベノミクスが、2014年の消費増税によって一気に逆転し、成功とはほど遠い経済状況を招いてしまった。いわば消費増税が日本を再びデフレ不況に叩き落とし、消費増税がアベノミクスを「台無し」にしてしまったわけです。

しかし安倍政権はそれにも懲りず、19年にまたも消費増税するという愚行に走って、日本経済に壊滅的な打撃を与えるのです。

消費税のせいで給料が激減した

藤井　2019年の10％消費税がどれだけ悲惨な結果を招いたのかをお話しする前に、5％から8％に引き上げられた2014年の消費増税が私たちの生活に何をもたらしたのかを明らかにしておきたいと思います。

［図表6］ 会社員の給与の推移

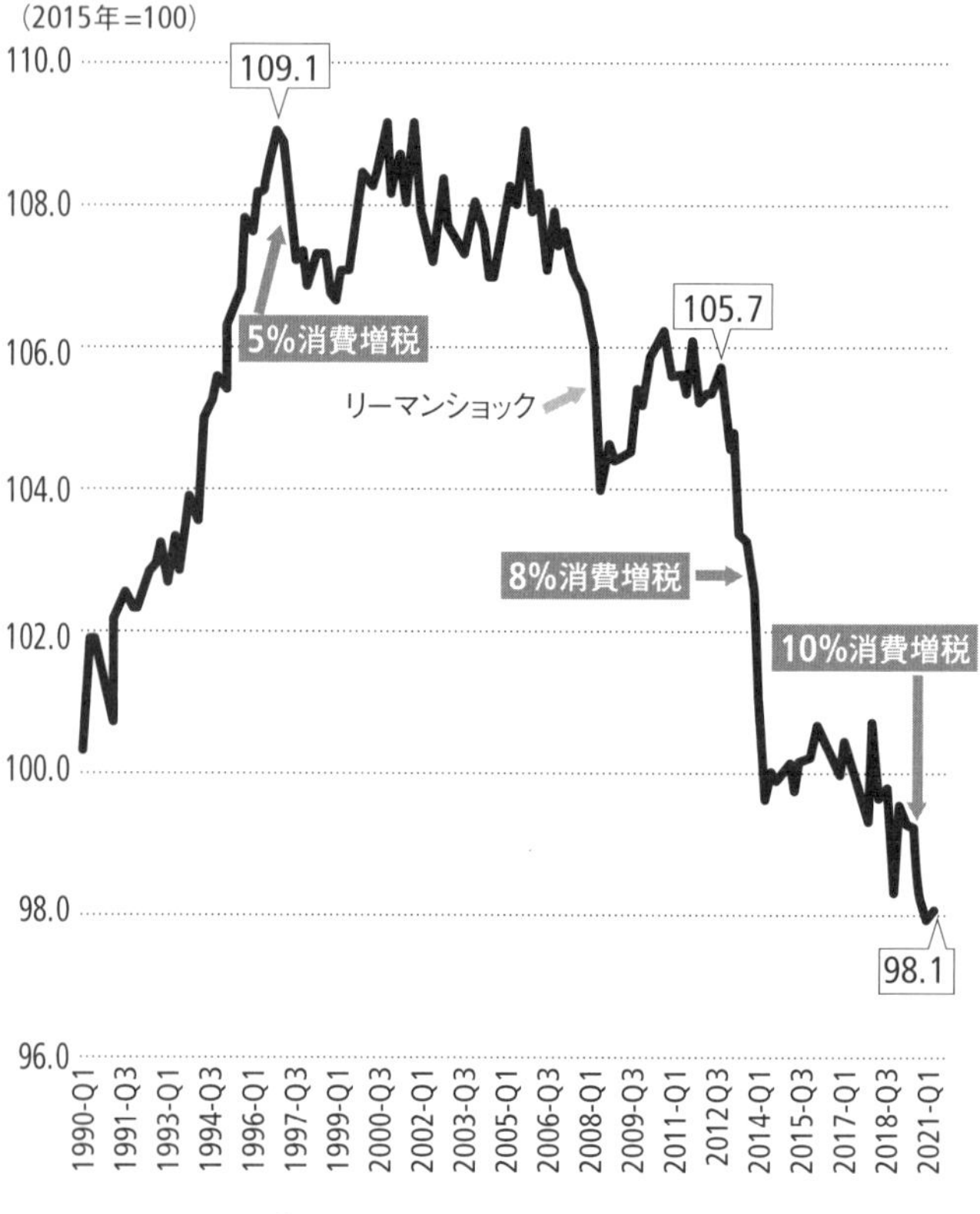

出所／ 厚生労働省「毎月勤労統計調査」（実質賃金指数及び増減率
きまって支給する給与［5人以上］、調査産業計）

図表6をご覧ください。これは会社員の賃金の下落を表しています。

1997年まで賃金は右肩上がりでグーっと上がっていました。戦後一貫して日本は高度経済成長で伸びてきたんです。91年にバブルが崩壊しても、まだ上がっていました。でも、97年に橋本龍太郎政権が5％に消費増税したことによって、賃金が伸びなくなり、あろうことか下落することになってしまった。消費税を上げると、消費が冷え込みます。消費が冷え込むと賃金が減ります。私たちの賃金の源泉は消費ですから。97年の消費増税によって、賃金が伸びなくなったのです。因果関係からも当然予想できると同時に、データでも明白です。

そして、2008年のリーマンショックでさらに賃金が下がります。その後、ちょっと回復しました。ところが、2014年に安倍内閣は5％から8％に消費増税します。ご覧のようにズドーンと下がったんですね。消費増税すると、当然ながら消費が減ります。しかも、物価が3％強制的に引き上げられることを通して、実質賃金は3％強制的に引き下げられます。

というのは、インフレのとき、モノやサービスの値段は上がるけれど、モノやサービスの値段が高くなっているから商売屋さんは儲かるんです。おカネを払う人は嫌だけれど、労働者はうれしいはず。消費者がたくさん払えば払うほど、そのおカネがめぐりめぐって他の人たちもおカネ持ちになっていく。それが高度成長で、すべての国はそうやって賃金が上がってきているわけです。

ところがデフレのときの消費増税は、賃金が下落しつつあるなかで強制的におカネをむしり取られる。政府だけは税金を吸い上げて儲かっているかもしれないけれど、国民の全員が損をするわけです。だから消費税を3%上げられたら、その瞬間に実質的な賃金は3%下がるんですよ。問題は、さらにそこからです。2018年度までに、3%だけじゃなくてさらに追加で1%下落している。なぜかというと、賃金が下がったら、これまでのように消費できなくなるじゃないですか。消費ができなくなると、商売屋さんが儲からなくなる。そうすると賃金が下がる。賃金が下がることが、またさらに賃金を下げるわけですよ。消費増税を一度やると、しばらく低減しちゃうんですね。それでますます貧乏になっちゃった、ということなんです。

――デフレのときの消費増税は後遺症が続くのですね。とはいえ、グラフがちょっと横ばいになっていますけど？

藤井　それは、データの改ざんがあったからだということはほぼ間違いありません。

覚えていません？　厚労省が勤労統計調査のデータを偽装していたことが発覚して騒ぎになったことがあったでしょ。あんまり下がったらヤバいなあ、どうしたらええかなと思って、グラフが横ばいになってるそのへんで役人が鉛筆をなめていたわけです。

――ああ、国民をなめたんですね、これくらいやってもわからんやろ、と。

藤井　そうそう。あまりに低いとヤバいんじゃねー、と気を回して、どうせやってもバレないだろうと思ったので、やったんじゃないかと思います。忖度の塊ですよ。それがなかったら、もっと下がっているはずです。

――ゲッ！

憲政史上最も国民を貧しくした安倍政権

藤井　10%消費税になる前の2019年9月までの5年間で、安倍内閣は実質賃金を6%下落させました。

いいですか、安倍内閣下で6%下げたということは、500万円の賃金の人は30万円の給料を失ったということですよ。しかも毎年です。消費税は1年だけで終わりませんから、毎年毎年30万円ずつおカネを失っているということです。年収500万円は平均収入より少し高いですけど、年収200万円で非常に苦しい方は、毎年12万円も入った財布を失う刑に処せられている。とんでもないですよ。年収200万円しかない方が、12万円入りの財布を落としたときのショックたるや、筆舌に尽くし難い。それを安倍内閣は組織的にやり遂げたわけです。

――この数年、働いても働いても、生活がちっとも楽にならないなと思っていたら、知らない間に何度も財布を落としていたんですね……。うかつでした。

年々、貯金が減っているので、世間の人はどうなのかなと思って調べてみたんです。そしたら、コロナ前の2019年に行われた金融広報中央委員会による「家計の金融行動に関する世論調査」では、単身世帯の38%、2人以上世帯の23・6%が、「金融資産を保有していない」と答えていました。つまり、「貯蓄がない」という。驚きました。コロナの自粛要請で、あっという間に家賃を払えなくなった人が思った以上に多かったのもうなずけます。貯金していないヤツが悪いとか自己責任だとか批判する声も多かったけれど、貯金する余裕がないほどカツカツの生活を強いられてる人が少なくないわけですね。

藤井　経済が成長していないから、賃金が伸びない。G7のなかでみると、アメリカ、カナダ、ドイツ、イギリス、フランス、日本、イタリアの順で、日本の賃金は下から２番目です。金額を比較すると、日本はアメリカの55・４％、カナダの69・６％しかない。実際、中国とかアメリカとかヨーロッパの一流企業の初任給は50万円に達し始めている。でも、日本はまだ20万円程度です。

――そういえば、インバウンド（訪日旅行）で外国人がわんさか来日していましたけど、日本が人気だった理由の一つは「物価が安いから」だと聞いて愕然としました。物価が安いということは、つまり日本が貧乏だということなんですよね。あれもこれも安くなったと喜んでいたなんて、とんでもない思い違いでした。

藤井　厚生労働省が２０１９年６～７月に行った「国民生活基礎調査」によると、２０１８年時点で日本の「相対的貧困率」は15・４％。17歳以下の子どもの貧困率は13・５％で、子どもの７人に１人は貧困に陥っている。相対貧困率というのは、収入などから税金や社会保険料などを引いた「等価可処分所得」の中央値の半分未満しかない人の割合です。18年の等価可処分所得の中央値は、年間２５３万円。つまり、年間１２７万円未満の等価可処分所得しかない人がそれだけいるわけです。

――年間１２７万円というと、月額にして10万円ちょっと。安いアパートの家賃を払って食べていくだけでギリギリじゃないですか。体調が悪くなっても病院に行くのをためらいますよね。

藤井　貧困世帯の生活がどれだけ苦しいかわかるでしょう。国民全体を見ても、生活に余裕のある世帯は少ない。前述の調査で「ゆとりがある」「大変ゆとりがある」と回答したのは、たった5・7%。一方、「大変苦しい」「やや苦しい」と答えた世帯は、全世帯の54・4%、児童のいる世帯の60・4%、母子世帯に至っては86・7%もいます。

さらに、2019年10月に消費税が2%上がって10%になったわけですが、それでなおいっそう実質賃金は下落しています。まず、当然のように物価が2%上がるんですから実質賃金は確実に2%下がる。したがって、安倍内閣下において賃金が約8%下落したわけですよ。憲政史上、これほど国民を貧しくした政権はない。これで暴動を起こさないのは日本人くらいですよ。フランスの国民ならもう黄色いベストでも着てデモを起こしてるはずですよ。日本人だって赤いベストでもちゃんちゃんこでも何でもいいので、怒らないとおかしいですよ!

——もし岸田内閣が、私たちの所得倍増に向けて本気で取り組んでくれなければ、仲間たちと赤いちゃんちゃんこ着て暴れまくります。

「常識」が通じない人たち

――確か先生は、2018年の暮れに、10%消費税反対の言論活動に全力を注ぐために内閣官房参与を辞められたんですよね。

藤井　参与になる前から、デフレの間の消費増税は言語道断だ、と批判し続けてきました。それは風邪を引いているときに、乾布摩擦をしたらダメだとか裸で外を出歩いたらダメだとかいうような常識の話で、安倍さんも総裁になる前は、「デフレを脱却できるまで消費増税はダメだ」といろんなところでおっしゃっていた。その当たり前が2014年に無視され、2019年にも無視されそうだ、と。この人たちはデフレを脱却する気がないんだな、というふうに判断せざるを得なくなり、参与を辞して、10%消費税反対の言論活動を加速したのです。

僕だけでなく、心ある経済学者やエコノミストたちは、消費税を10%に引き上げれば、国内消費が激しく冷え込み、巨大な経済被害が生ずるであろうと、警告し続けていました。2019年の夏ごろに米中経済戦争の影響で輸出が落ち込んできて、さらにヤバい状況になってきたときも僕は、消費増税は本当にやめていただきたい、日本がダメになりますからと、8月に官邸に行って安倍総理に話していますし、二階俊博幹事長や岸田文雄政調会長にも、菅官房長官（以上、役職は当時のもの）にも、いろんな人たちにずーっと説明して回ったんですよ。

――なのに、どうして聞き入れられなかったのですか？

藤井　官邸まわりの人や自民党に出入りしている学者たちは、日本経済は底堅いから大丈夫ですよ、消費増税したってアベノミクスが成功していますから、とウソばっかり話しているわけですよ。政治家は、そういう言葉を聞いたら気持ちがいいですからね。やっぱりそうだよな、藤井はちょっとうるさいんだよね、みたいな空気が徐々にできていったわけです。どうにかして安倍政権でデフレ不況を終わらせたい、それを安倍内閣のレガシー（遺産）にしてもらいたいと思って、精いっぱいアドバイスをさせていただいていたのですが、何をどう進言しても、もう全然聞き届けられなくなってしまって。

――結局、2019年10月に増税が断行されてしまった。

藤井　10月1日に、僕の心のなかでなんかがプチっと切れました。あー、なるほど、熟年離婚というのはこういうことなんだ、と思いましたね（苦笑）。今までさんざん旦那に尽くしてきた。たいした旦那じゃないことにはもう気づいてたけど、結婚した自分の責任がありますから、意地というか、自分の心の張りというか、一応、結婚の約束をして夫婦になったんやから簡単に別れたらあかん、と。そう心に決めて辛抱してきたんだけれど、あまりにも理不尽だからプチッとキレて、もうええわ、と。

――わかる気がします。ダメ夫を支えるために長い間、夫の肩を持つ親族たちのイジメにもめげず、必死で歯を食いしばって頑張ってきたのに、当の夫に感謝もされず、浮気を繰り返されて、たった一つの願いまで聞き捨てにされたら、どんなにできた奥さんでもさすがに愛想が尽きますよ。

藤井　熟年離婚される女性って、たぶんこういう気持ちなんだろうなあ、と思って、自分の心の中で何かが大きく変わりました。今までなんとか支えようと思っていたけれど、もう知らんぞーっ！　あれだけやめるべきだといったのに、何べんも何べんもいったのに、とうとう消費増税をやってしもた。どれだけ悪いデータが出てしまっても、もう本当に知らんからな、と思ってたんですが……実際に蓋を開けてみれば恐ろしいことに、思った以上にひどいデータが出てきたんですね。

日本経済の土台を痛めつけた10％消費税

藤井　消費増税した10月、そして11月の景気動向指数（ＤＩ）は、バブル崩壊やリーマンショックのときと同じ2カ月連続ゼロ。また、商業動態統計速報によれば、10月の小売販売額は前年同月比で実に7・1％も下落した。これは、２０１４年の消費増税の4・3％下落という結果よりも格段にひどい。14年増税時の下落は、安倍内閣にさえ「もう二度とこんな激しい経済下落ショックを繰り返してはならない」といわしめるほどに、ひどいものだったんですよ。その約1・7倍という消費下落が、10％消費増税ショックだったのです。次の図表7をご覧ください。

――うわっ、増税後の落ち込みがひどい。急転直下ですね。

藤井　景気動向指数を細かく見ていきますと、２００８年にリーマンショックがあって急に下がったんですけど、そこからずっと上がってきた。２０１１年、東日本大震災があってストンと下がりますけど、また元に戻るんです。しかし、消費増税はボディーブローというか、殴られ続けているような被害を生む。消費増税はそのときだけではなくて、ずーっと続きますから。だから、地震と消費増税だったら消費増税の方がエゲツない帰結をもたらすわけです。

[図表７]　景気動向指数（CI一致指数）の推移からみる消費増税の破壊的な影響

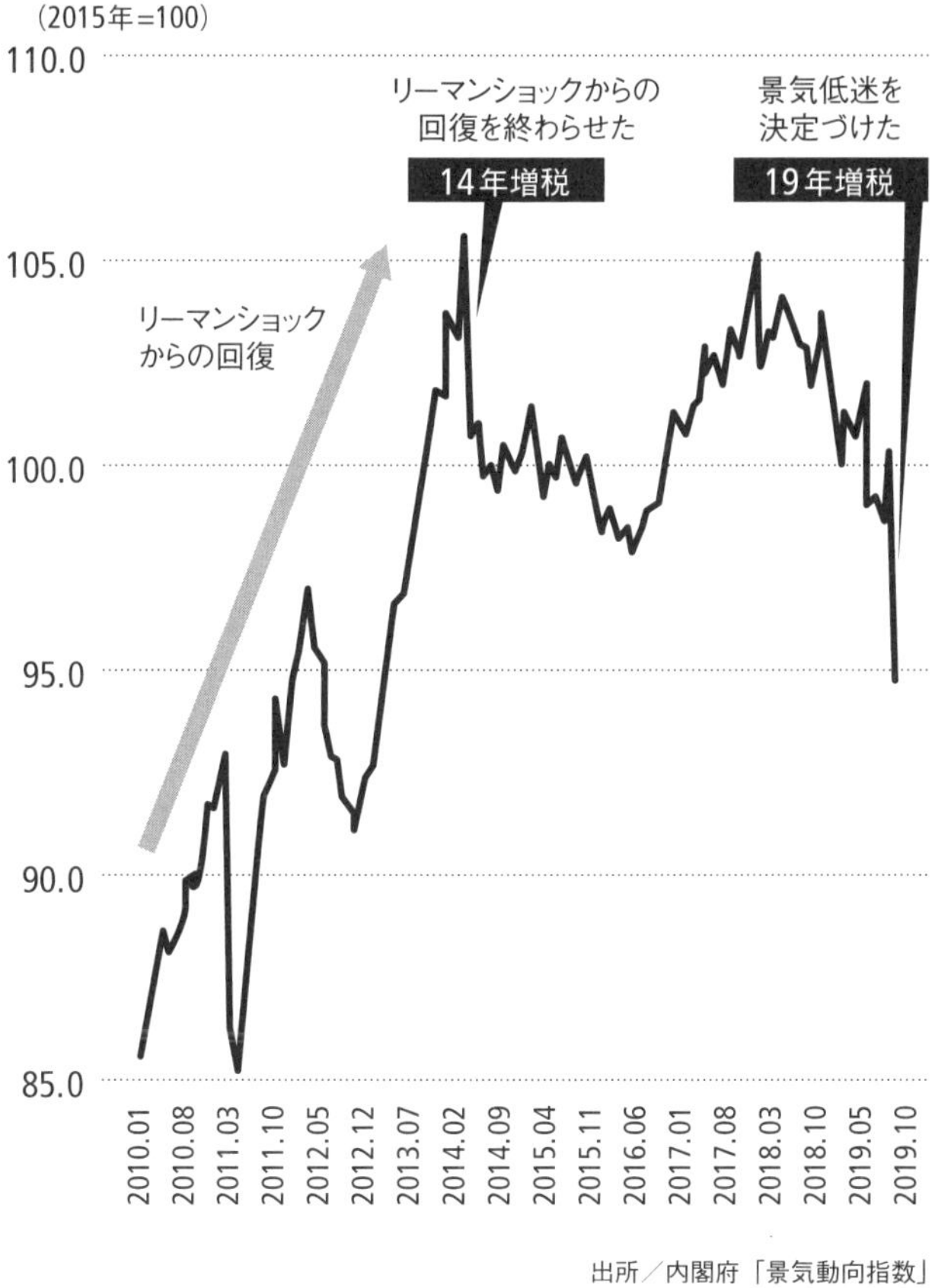

出所／内閣府「景気動向指数」

11年の震災後、なんだかんだといいながら、ずっと上がってきました。14年に消費増税します。ストンと下がります。下がったんですけど、輸出が伸びてきた。だから、ちょっと回復しているように見えた。しかし、その輸出も落ちてきて、外需がダメになってきた。そのダメになったところで、19年に消費増税したために、ズドンと下がったんですよ。その下げ幅は14年消費増税のときより大きく、こんなに下がったのは、あの東日本大震災以来だった、ということなんです。ひどい話です。

コロナのせいで、消費税10%の増税効果をみんな忘れてるようですが、とんでもない。僕の知り合いの自動車ディーラーは、増税後に「売り上げが8割減っています。もう首くくらなあきませんわ」と話していましたからね。増税前にホテルの経営をやめた友人もいます。「消費増税をやられたら、経営していくのはちょっと無理。キャッシュレス決済にしたら得だというけど、それをやる余裕もないからやめますわ」って。日本工作機械工業会が出しているデータで、消費増税後の11月の機械受注額、つまりいろんな工場がどれくらい機械を発注しているかを見たら、前年同月比37・9%減ですよ。平均で4割近く減っていた。壊滅的ですよ。

資金繰りの工夫でギリギリやっている中小企業はいっぱいあるわけです。たとえば鉄板を買って、機械をつくって、売って、収入があるだろうと思って、その収入で返すつもりで借金して、また材料を買って……と自転車操業をやっている。ところが、注文が4割減ったんですよ。ちなみに10月も4割ぐらい減ってますから、2カ月間資金が焦げついているわけです。その一方で、カネを返せ、カネを返せ、と催促される。「もうちょっと待ってください」「待たれへんな」といわれるわけですよ。しょうがないから消費者金融に走る。10日で5割の金利というようなエグい業者がいるかもしれない。地獄ですよ。この37・9％減という数字の裏に、地獄に落とされた中小企業の経営者の方、労働者の方、その家族の方が山ほどいるわけです。

日本経済の土台も、コロナ禍が来る前の時点でもうこれだけ傷んでしまっていた。で、そんなところにコロナショックです。消費増税していなければ、コロナの影響だけでここまで激しい経済大惨事にはならなかったはずです。

消費税を10％に引き上げた影響は底知れません。

「法人税引き下げ」と「消費税引き上げ」はワンセット

——ところで、昭和のころまで消費税はなかったんですよね。導入されたのは平成元年（1989年）、竹下登政権のとき。最初の税率は3％だったのに、これまでに何度も増税されて、ついに10％になってしまった。どうして消費税が生まれて、どうして増税というと、当然のことのように消費税が対象にされるのですか。

藤井　消費税が導入された理由について一般的にいわれているのは、「直間比率の是正」です。

直間比率というのは直接税と間接税の割合のことで、直接税には法人税や所得税、相続税、住民税などがあって、間接税には消費税や酒税、たばこ税などがあります。消費税が導入されるまで、間接税は全税収のうち4％ほどで、日本は直接税の比率が高すぎるという議論が80年代からずっとあったんですね。

なかでも一番金額が大きかったのは所得税でした。年収何千万円と稼いでるお金持ちは住民税と合わせて所得の75％近い税金を払っていて、お金持ちをいじめすぎだ、こんな重税をかけるから日本人はカネ儲けをしようとするモチベーションが低いんじゃないか、という議論があったわけです。

一方、法人税率は、1980年代は40％以上ありました。それで、トヨタとか日産とかソニーとか大企業からたくさん税金を取っていたら、企業は成長できない。グローバル社会のなかで日本企業に重税をかけていると、企業が海外に流出して、アメリカやヨーロッパ、中国との競争に負けて、日本が貧乏になっちゃうんじゃないかという、ある種「神話」があったんですね。

本当に単なる神話です。うちの大学の研究室でこれについての調査研究をやったのですが、法人税が安い国に転出しようなんていってる企業なんか、ホント、どこにもない。お客さんが多いところに進出する、っていう企業ばっかりなんです。

それなのに、外国の先進国はだいたい日本より消費税が高いということを引き合いに出して、外国を見ろ、と。外国は直接税と間接税をバランスよく取っている。要するに消費税を結構取っているのに、取っていない日本は、先進国として遅れているんじゃないか。法人税だって高すぎる、やっぱり欧米を見習わなくてはいけないだろ！みたいな議論がずーっと続いていた。そのころ若かった官僚や政治家が、今、偉くなっているんですよ。だから今の財務省の官僚の方とか政府の重鎮の方とかは、消費税を上げないとカッコ悪いと思っている。国民は嫌がるけれど、消費税を上げるのが真っ当な政治家の姿なんだ、と。つまり、なんともへんちくりんな正義感を持たれている官僚や政治家が多いわけです。

とにかく欧米を手本に直間比率を是正して、税金は国民全員で広く薄く負担しましょう、という話になった。つまり、所得税と法人税を引き下げるための財源として消費税を使いましょう、ということになったわけです。その結果、消費税は今、全税収のうちで一番多い30％台なんですよ。1980年代に40％を占めていた所得税は約30％に減り、33％だった法人税は、安倍内閣が始まったころは30％程度、3年目には約24％にまで減税されています。今は、20％くらいですが、いろいろ控除があって、実際にはそれより低くなる場合もあります。

――あ、思い出しました。トヨタが法人税を払っていなかったという話。外国の子会社から配当を受け取った場合、その95％は課税対象からはずされるという制度があって、2009年から5年間、日本で法人税を払わずに済んだんですよね。日本一お金持ちの会社が税金を払っていなくて、私たちはしっかり取られてるって、どう考えてもおかしい。政府は何を考えてるんだ！　と怒り狂っていた友人がいました。

藤井　消費税をいい出したのは、経団連（日本最大の経済団体「日本経済団体連合会」）ですよ。いうまでもなく、経団連は日本の大企業を中心に構成された利益団体です。ちなみに、日本の全企業数のうち中小企業が99・7％を占め、日本の従業者の約7割が中小企業で働いているんですけれど。経団連の力は圧倒的に強くて、自民党に対する献金で自民党に圧力を加えることができます。大企業の多くは、株主から純利益を拡大して配当金を払えという要求を受けていて、それに対応するために、法人税を下げてくれ、その代わりに消費税の増税にはオレたちが賛成してやる、というバーター論が経団連をはじめ財界を中心にずっと続いてきたわけです。

必ず、法人税率の引き下げと消費税率の引き上げはセットになっている。これが消費税増税の基本的メカニズムです。

——卑しいカラクリですね。

格差を拡大する消費税

藤井　消費税が増税のターゲットにされる表向きの最大の理由は、「安定税収」という概念です。確かに消費税は、所得税や法人税に比べて「景気が良くても悪くても安定的」に得られる税金です。景気に左右される所得税と法人税は不安定性が高いので予算を組みにくいから、財務省としては消費税のほうが予算を組みやすい、という。これは税を取り立てる側にしてみれば有り難い話ですが、払う側の国民にしてみればたまったものではありません。

たとえば5％消費増税を考えると、その5％は好景気のときは国民に深刻な被害をもたらすとは考えにくい。むしろ過剰なインフレになりそうなときには、それを抑制するために消費増税が得策となるケースもあります。しかし、不景気のとき、余裕がなくなった庶民にとっては5％といえども極端に負担感が大きくなります。

――実際、5％に上がったときは私も抵抗を感じました。平成不況で、収入が落ちてきていましたから。

藤井　そもそも消費税は、格差を拡大する税金なんですよ。

「累進課税」制度を採用している所得税はお金持ちからたくさん取りますし、法人税は「利益」にかかりますから、あまり儲かっていない会社は払わなくてもいい。つまり所得が多ければ多いほど法人税率や所得税率が高くなるので、「社会の所得格差を是正する」という機能を兼ね備えています。

一方、消費税は、高級車から食べ物やトイレットペーパーなどの生活必需品まで、すべてのモノにかかる。収入のほとんどが生活費を占める低所得者ほど、消費税の負担が大きくなります。つまり貧乏人ほど苦しくなっていく、という「逆累進課税」なんです。

にもかかわらず、政府は、法人税や所得税を減税しておいて、消費税を増税しているのです。データを見ると、2019年までに、消費税を導入したころから法人税は7兆円、所得税は8兆円それぞれ減っていて、計15兆円減っています。その間に消費税は13兆円増えています。これは、大金持ちの法人や資産家たちからの圧力で、彼らの減税が進められて、その減税分を庶民が消費税の形で肩代わりしてやっている状況にある、ということです。

この30年間、何が行われてきたかというと、露骨ないい方をすれば、大企業たちが私たち一般庶民の財布に手を突っ込んで、トータルで240兆円抜いていったということなんですよ。コロナショック以前の話ですが、経団連は、2025年までに消費税を19％に上げろと提言していたそうです。

「消費税は全額を社会保障に使う」はウソだった

——信じられない。先生がおっしゃったように過剰なインフレの状況ならまだしも、こんなにデフレが長引いて庶民が節約に節約を重ねているときに19％なんて！ コロナが収まったら、また政府に圧力をかけ始めるのではないですか。消費税率が上がればさらに消費意欲が下がって、モノやサービスが売れなくなるでしょう。結局は、企業も社員も貧しくなっていく。財界の偉い人たちは、それがわからないんですか?

藤井　わからないっていうか、彼らはもう、日本でのビジネスを半ば見捨てているんです。外国でカネ儲けすることばっかり考えていて、日本でデフレが続いて客が減ることを、それほど問題だと思っていない。それより、法人税の支払いが減るほうがうれしいんです。

彼らはよく「日本には一億人しか客がいないが、海外をみれば、何十億人もの客がいるじゃないか!」なんて勇ましいことをいってるんですが、完全にアホです。日本人は日本社会や日本のマーケットを一番よく知っているし、なんといっても住んでいるんだから一番アクセスしやすい。でも外国にはいろんな慣習があって、簡単にビジネスを拡大することなんてできないんですよ。

――法人税を減らすために消費税を19%に引き上げようだなんて、日本の顧客をバカにしてますよね。私は、できれば消費税なんて払いたくありません。でも、これだけ少子高齢化が進んでいるのだから、健康保険や年金などの社会保障費をまかなうためには消費増税は必要だといわれると、それもそうかと思ってしまうんですね。

藤井　消費増税の口実にいつも使われるのが、その「社会保障の財源」です。財務省はもちろん、政治家も多くのエコノミストもマスコミも「少子高齢化による社会保障費の増加で財政状況が悪化している。将来にツケを回さないためには、消費増税が必要だ」と力説する。だから人のいい国民は、消費増税も仕方がないか――とあきらめる。将来世代に借金を残して苦労させては申し訳ないから消費増税もやむを得ない、と受け入れてしまうわけです。

――私のまわりの多くの人たちもそう思っていますよ。子どもや孫たちのことを考えて、消費税をそのまま社会保障に使うなら、それも致し方ないか、と。

藤井　８％消費増税のときに、安倍政権は「全額を社会保障に使う」と宣言して、その旨のポスターも貼り出しました。でも、調べてみたら、増税分のほとんどを政府の借金返済に回していた。

――ウソッ！　今の今まで、全額、社会保障に当てたのだと思っていました。それって、詐欺みたいな話じゃないですか。

藤井　そう、完全なペテンです。２割しか社会保障に使っていなかったんですから。

——2、2、2割だけ？

藤井　そう。たった2割だけだったことに気づいている人は少ない。政治家でもだまされている人がいるくらいですから。借金の返済に当てて、メリットがあるのは財務省だけ。さすがに10％消費増税のときは、約8割を社会保障費に回すといってましたけど、それも本当かどうか。いずれにせよ、高齢化社会のなかで「社会保障」をどうしていくかは、とても大事な問題です。でも、だからといって「消費増税すべきだ」と考えるのは、あまりにも短絡的。というよりもむしろ、愚かの極みといわざるを得ません！

——え、私たちは究極のアホなんですか？

藤井　あ、すみません。つい口がすぎました（汗）。でも実際のところ、消費増税に賛成するのは、愚の骨頂なんです。消費増税10％が断行される前、僕が編集長を務めている雑誌『表現者クライテリオン』の別冊『消費増税を凍結せよ』を急きょ出したのですが、その誌面で見識のあるさまざまな方たちに寄稿していただいたり対談をさせていただきました。それらを総括すると、「消費増税は百害あって一利なし」といえます。

消費税を増やすと税収が減る

――メリットは全くない、ということですか？

藤井　そうです。さきほどお話ししたように、消費税は貧困と経済格差を拡大します。さらに消費増税すると、景気が悪くなり、税収それ自体が減ってしまいます。つまり税収の観点から考えた場合も含めて何のメリットもない。

消費税というのは、経済を停滞させる強大なブレーキなんですよ。私たち民間の経済活動の8割は消費で、あとは投資です。この投資というのは、株式投資ではなく、生産性を向上させるための設備投資や技術投資などのことですが、国民が消費するから投資しようと思うわけで、消費が増えれば増えるほど投資が増える。つまり、消費が日本経済のメインエンジンなんですね。

その消費に、罰金を科すという機能を持つのが消費税だから、当然ながら経済活動にブレーキがかかってしまう。

――でも先生、日本より消費税率が高い国はたくさんありますよ。

このコロナ禍で減税した国は多いですが、フランスやイギリスは20％、イタリアは22％、スウェーデンやノルウェー、デンマークは25％、ハンガリーなんか27％でした。

それに比べたら日本はまだ安い、もっと上げたっていいんじゃないか、と考える人もいますけど。

藤井　完全な間違いです。重要なのは消費税率そのものじゃないんです。たとえば日本がものすごく成長していた１９８０年代に税率を10％に上げても、日本経済は伸び続けたはずです。勢いよく車が走っているときに多少ハンドブレーキをかけても前に進みますね。１９８９年に初めて導入された３％消費税が悪影響をもたらさなかったともいわれているように、インフレ期つまり経済成長しているときには消費増税は、あんまり問題がない。だから、ヨーロッパで20％以上の国もある。

ところが、いったん止まった上でハンドブレーキを引いてしまったら、なかなか進まない。経済が停滞しているときに消費増税を行うと、とめどなくダメになってしまうんですよ。そうやって日本は、97年の消費増税でデフレ不況に陥ってしまったわけです。

――なるほどー。好景気で収入が増え続けているときは消費税が上がってもそんなに負担にならないけど、収入が減っているときはたった２％の増税でも苦しいですよね。デフレ不況が続いているなかで、安倍政権は２０１４年と19年の二度も消費増税を強行した。アベノミクスを打ち上げてから8年近く経ってもデフレから脱却できなかった理由がよーくわかりました。

藤井　消費増税というものは、格差を拡大させると同時に、経済を低迷させるものなんです。

そうなると国民は貧困化しますし、企業は利益が少なくなりますから、当然ながら政府は税収が減るわけです。消費増税のせいで国民も会社も儲からなくなっているし、政府も貧乏になっているわけです。

――え、ちょっと待ってください。政府は、政府の赤字を減らすために、先生たちの警告を無視して、消費増税を決行してきたわけですよね。なのに、消費増税のせいで政府はより貧乏になっているんですか？

藤井　そうです。増税することで借金が増えているメカニズムは、1997年の消費増税のときが一番わかりやすいでしょう。

当時、バブルが崩壊した後で日本経済が本調子ではなかった。なんとか、えっちらおっちらやっているところに消費増税という水をかけた。そうすると、経済がひどく落ち込んで税収が減った。同時に生活保護世帯も増えた。社会保障費も増えた。それで翌年から政府の借金が、10年平均値で20兆円も増えてしまったんですよ。97年までの10年平均値が3兆円だったのに、消費増税後、図表8が示すように、一気に増えて23兆円になってしまったんです。

――借金を返すために消費税を上げて、そのせいで借金がさらに増えて、その借金を減らすために消費税をさらに上げたわけですか？　なんと見事な「負のスパイラル」。というか、頭がおかしいとしか思えないんですけど。財務官僚って大半が東大出の超エリートだと聞いてますが、どうしてそんなバカげたことを繰り返しているんですか。

藤井　彼らには何度も何度も、消費税を上げたら税収が減る、実際に減っているじゃないですか、という話をしましたけど、わかってもらえなかったというか……。まあ、これについてはあとで詳しくお話しするとして、消費増税すると、景気が悪くなり、税収それ自体が減ってしまいます。そうなると将来の社会保障が難しくなってしまうんですよ。

元財務官僚で経済学者の高橋洋一氏が指摘するように、そもそも「社会保障」の財源に「消費税」を当てるのは、「世界の非常識」です。消費税を社会保障の目的税に使うという発想自体が、他の国にはありません。

［図表８］赤字国債発行額の推移

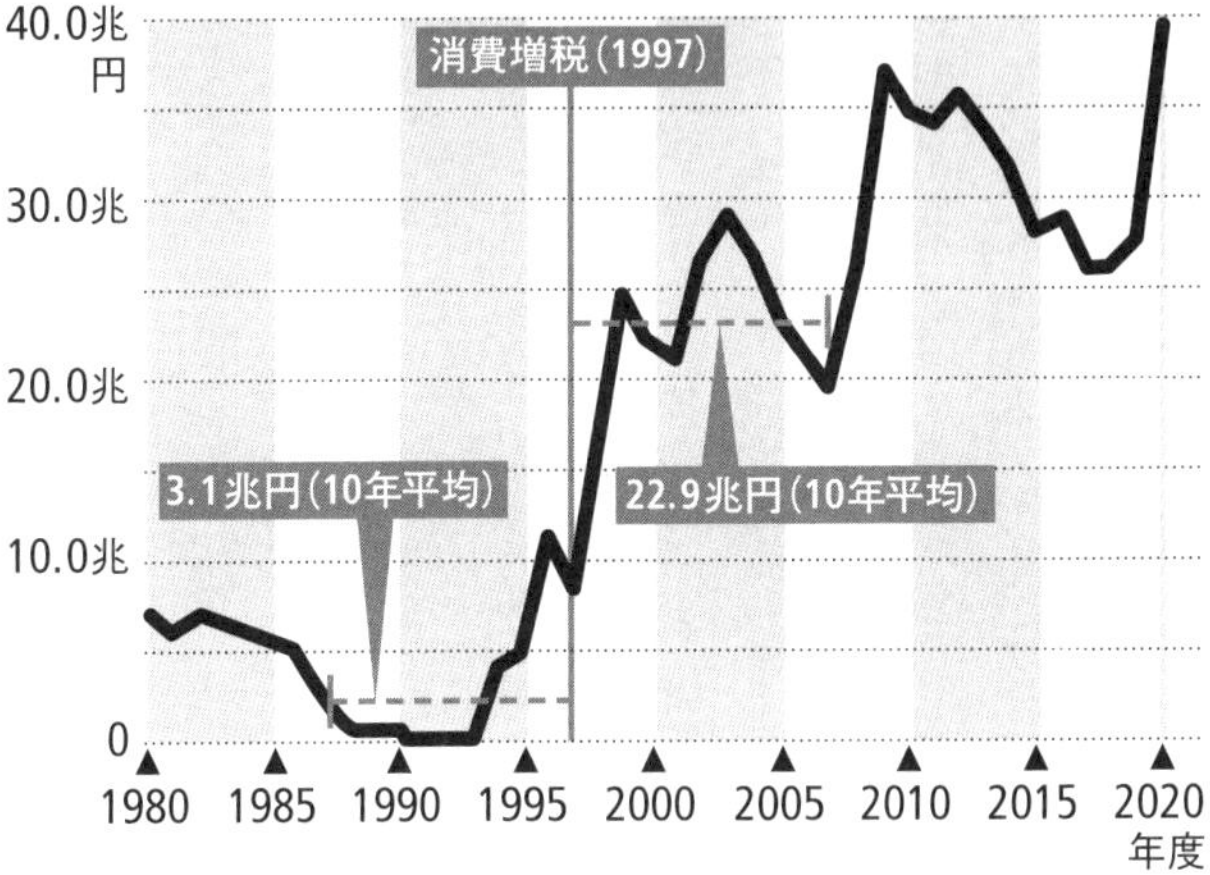

2020年の数値は補正予算案による。
出所／財務省「財政に関する資料」

おおよそ社会保障制度は、同じ世代の健康な者から病気がちな者へ、同じ世代の富者から貧者へ、同じ世代の短命な者から長命な者へというように「世代で閉じた社会保障制度」にしなければ、その持続性は保てない、と経済学者の飯田泰之氏はおっしゃっています。にもかかわらず、長期的な展望もなしに、目先の財源確保ということで消費増税をしてしまえば、経済が不安定化して、将来世代の社会保障がますます危うくなっていきます。

消費増税は将来にツケを回す

――じゃあ、消費増税なしで、どうやって増え続ける社会保障費を確保するんですか？

藤井　増税するより、むしろ減税すれば、経済が成長して税収が大きくなります。目先のことしか考えず、短期的に増税するから経済が悪くなって、長期的な大金をなくしているわけです。２センチくらい先のことしか見ていない虫みたいな人が多いから、日本はダメなんですね。

リーマンショックのとき、アメリカは90兆円規模の財政政策を行ったといいましたが、僕の試算では３００兆円くらい税収を増やしている。中国はもっとすごくて、60兆円規模での財政政策を展開し、同じく僕の試算では３００〜４００兆円くらい税収を拡大させています。目先のおカネのことを考えてセコセコ重税をかけず、大局的な視点に立って経済政策を行っていく。これが将来の財政を豊かにしていくんです。

さらに消費増税の代わりに、法人税や所得税などの見直しを行えばいい。先にお話ししたように、消費増税が行われてきた背景には、法人税減税が繰り返されてきたという歴史があります。つまり法人税減税によって空いた穴埋めのために、消費税が増税されてきたわけです。そして、縮小していったもう一つの税が所得税。高額所得者を対象とした減税が繰り返し続けられてきました。たとえば４０００万円以上の高額所得者の税率は１９８７年当時83％もあったのですが、今は50％にまで大幅減税されています。

要するに、過去20～30年の「税制改革」は、格差を拡大するものだったのです。世の中で金持ちはごく一部であり、それ以外の大多数の人々が虐げられれば、国民全体はトータルとして「貧乏」になり、その帰結として経済が低迷していくのは必定です。だから、このバランスを見直し、消費税の代わりに法人税や所得税を増税すべきだという議論を進めるべきだと思います。

――とにかく「将来世代にツケを残さないためには、消費増税しないほうがいい」ということですね。

藤井　そうです。消費増税は国民をいじめる毒なんですよ。これは薬だからと思って飲んでいるうちに、体は衰弱して死んでいく。消費増税を受け入れるのは、単なる自殺行為です。

繰り返しますが、福祉や社会保障を充実させるためには、何よりも経済を成長させなくてはいけません。消費増税すると景気が悪くなり、成長できなくなってしまう。

将来に残してはいけないものは、「経済不況」そのものなんです。消費税増税という愚かな判断こそが、将来世代に不況や貧困といった負の遺産を「ツケ回し」する最悪な判断なんです。

そんな最悪の毒を飲まないために必要なものこそが、国債の発行なんですよ。国債を発行しさえすれば、別に増税なんかしなくても、必要な財源ができる。その財源を使って、十分な政府の対策が可能となる。そうなれば、不況や貧困や格差といった問題がすべてなくなっていく。国債はもちろん、「過剰なインフレ」になってくれば発行できなくなっていきます。そういうときに、おカネがさらに必要だということになれば、増税をすればいいんです。そうすれば、インフレを抑制しながら、政府支出の拡大が可能となる。そういうマクロな視点での財政運営が必要なんです。

国債の発行は悪じゃない。過剰なデフレだとか過剰なインフレとかが悪なんです。そういう悪い過剰インフレやデフレを避けるために、国債という「薬」を使えばいい。ただそれだけのことなんです。

第3章

「日本経済を守るために緊縮財政が必要だ」というウソ

緊縮財政による失敗を謝罪した橋本総理

藤井　まず、図表9をご覧ください。これは、自殺者数の年次推移を表したグラフです。1997年から1998年にかけて自殺者数が急増しています。このころ、何があったと思います？　橋本龍太郎政権による消費税5％増税をはじめとした緊縮財政です。僕が経済対策をやらなくてはいけないと強く思った根本的なデータがこれなんですが、自殺者数と失業率はシンクロしていて、失業率1％あたり約4000人の自殺者数になります。かつ、これは遺書があって自殺と断定できる方の数で不審死者数が入っていないので、実際はもっと多くの方が亡くなっています。

97年の消費増税で日本は大不況になって、98年からデフレ不況に陥り、失業率が5％程度まで上がりました。消費増税直前の自殺者数が約2万2000人であったところ、消費増税をはじめとする緊縮財政によってそれが一気に約3万3000人に拡大した。自殺者数が、実に1万人以上も増えてしまったんです。

――経済と命は、こんなにも直結しているのですね……。

藤井　このときの消費増税は村山富市前内閣の決定事項でした。そもそも1975年に戦後初めて通常予算において赤字国債が発行され、当時の三木武夫内閣の大平正芳

［図表９］ 自殺者数の年次推移

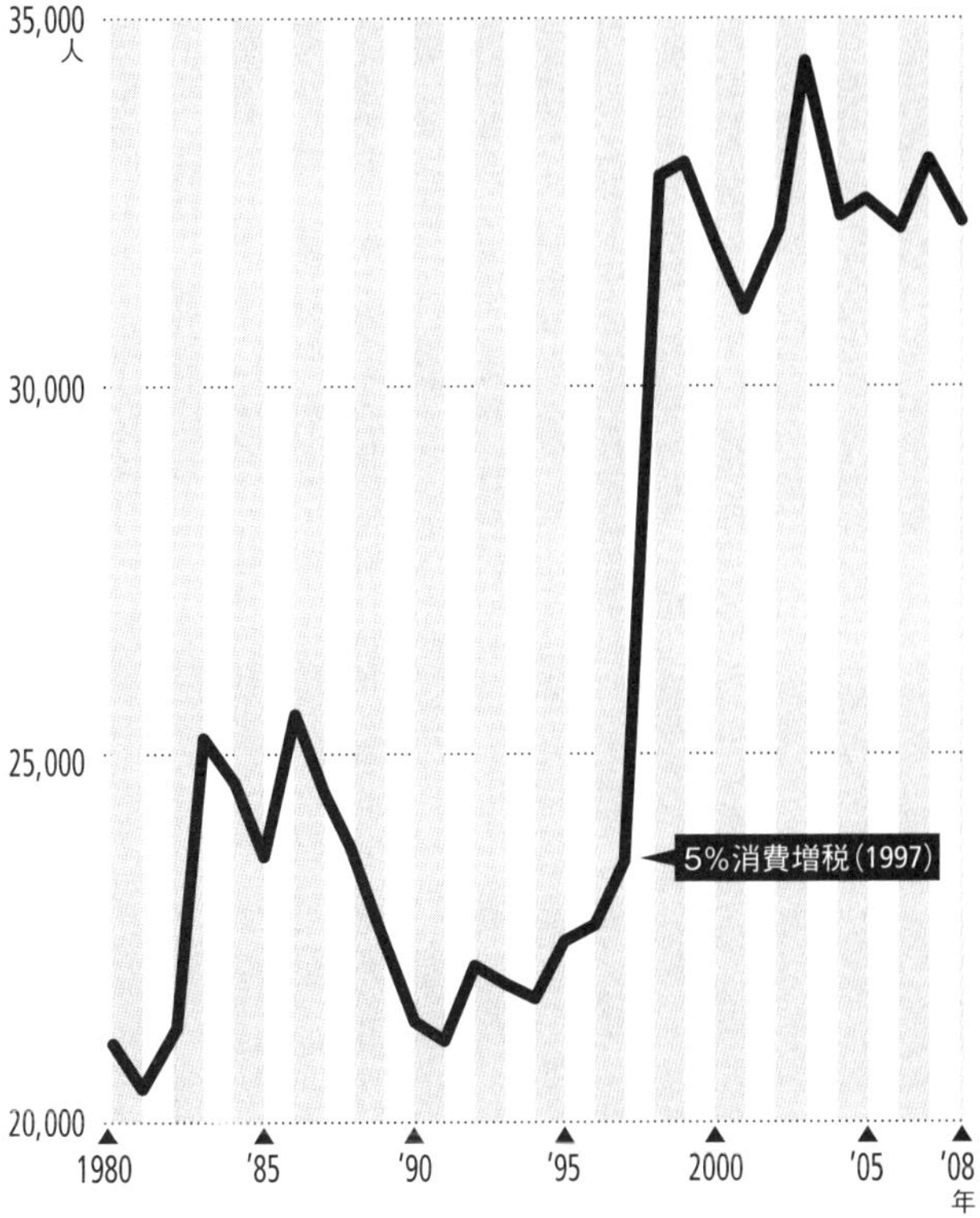

出所／警察庁

大蔵大臣は「万死に値する！　一生かけて償う」と発言した。いわゆる「国の借金」問題はここから始まっているといっていい。その後、総理となった大平氏は消費税導入を訴えたものの、選挙運動中に心不全で急死。後継者の鈴木善幸総理が82年に「財政非常事態」を宣言し、その7年後に竹下登内閣のもとで「消費税」が導入されています。

そして今度は、95年の11月国会で村山内閣の武村正義大蔵大臣が、いわゆる「財政危機宣言」を行い、大蔵省やマスコミの喧伝によって、「日本は財政危機である」という認識が社会に浸透していったわけです。

当時の日本は、90年から91年にかけて起きたバブル崩壊によって大きな痛手を負っていました。文字通りバブル景気に沸いていた日本の株価が一気に凋落し、多くの資産家が資産を失った。このとき、日本から消えてなくなってしまった資産額は、1500兆円ともいわれています。

――ひえ～っ！

藤井　日本政府は経済が悪化するのを恐れて、宮澤喜一内閣や細川護熙内閣などは大規模な経済対策を始めた。それが武村大蔵大臣の「財政危機宣言」に結びつくわけですが、その経済対策のおかげで、日本は未曾有の大被害を受けたにもかかわらず、98年まではデフレ不況に陥ることもなかったんですよ。

ところが、96年に就任した橋本総理は「もうこれで対策は十分だろう。それよりも経済対策で増えた借金を減らさなければいけない」と考えてしまい、97年に「赤字国債を削減する」ということを目標にした法律（財政構造改革法）をつくるんです。これは、今日「プライマリーバランス目標」と呼ばれるものと同様のもので、要するに国債発行はダメだっていう規律をここで導入するわけ。で、この規律の下、一番に橋本内閣が取り組んだ「財政再建」が、消費税増税。バブルの絶頂期に近かった89年は、景気が良すぎるくらい良かったから消費税３％を導入しても経済的な問題は起こらなかったけれど、１５００兆円もの資産を失うほどの深手を負っていた97年当時の日本経済は、消費増税に耐えられるだけの体力はなかった。

しかも、橋本内閣は財政再建を急ぐあまり、消費増税だけでなく、所得減税を打ち切り、医療費の自己負担を増やし、公共投資を削減、新規国債発行を停止した。この一連の「緊縮財政」をきっかけに、日本経済は「デフレ不況」に突入し、失業率が急上昇し、自殺者数が一気に年間１万人以上も増えてしまったんです。

２００1年春、橋本元総理は再登板を切望して小泉純一郎議員と総裁選を争うなかで、次のように謝罪しています。

「私は97年から98年にかけて、緊縮財政をやり、国民に迷惑をかけた。私の友人も自殺した。本当に国民に申し訳なかった。これを深くお詫びしたい」

消費増税直後に増えた自殺者数は、その後10年以上も高止まりし続けました。消費増税前と後の自殺者数を比べると、10年平均で1万人以上も増えている。つまり、日本経済が弱っているときの緊縮財政は、10万人単位の国民の生命に直結する極めて重大な被害をもたらすことを示しています。しかし、日本は97年以来、デフレ不況から脱していないにもかかわらず、政府の緊縮財政路線はその後もずーっと続いているのです。

財務省が必死で「政府の負債」を減らしたい理由

――先生は前に、財務省は「政府の負債」を減らすことに血道を上げている、とおっしゃっていました。そのためにマスコミや御用学者を通じてプロパガンダを行っているんだ、と。でも、どうして財務省は政府の借金を減らすために、そこまでやるんですか？

藤井　僕も初めはよくわからなかったのですが、内閣官房参与だった6年間を通して、彼らの気持ちというか行動メカニズムがよくわかるようになりました。

その6年間､僕は彼らと戦い続けたんですけど､彼らはマシーンのように支出をカットし、増税していくんですね。そうすればするほど経済がダメになっているでしょ、税収も減っているじゃないですか、といっても全然耳を貸さない。なぜなんだろう、とずーっと悩んでいたのですが、あるとき、あ、これか、と気づいた。大蔵省から財務省になった２００１年、日本経済がデフレ化して3年目に、「財政の健全化」を財務省の目標にしたんですよ。

「財務省設置法」というのがあって、その第三条「任務」にこう書かれているんです。

『財務省は、健全な財政の確保、適正かつ公平な課税の実現、税関業務の適正な運営、国庫の適正な管理、通貨に対する信頼の維持及び外国為替の安定の確保を図ることを任務とする。』

このように彼らの数ある任務のなかでも第一番目の重要任務として、「健全な財政を確保する」旨が書いてある。それまでの大蔵省の設置法にはこんな文言はなかったのに、なぜか、「健全な財政を確保する」旨が加筆されているんです。きっと財務省のなかの緊縮財政を進めたい大物小役人が、政治家を使ってこっそり書かせたんでしょう。

――健全な財政を保持するというのは、いいことじゃないですか？

藤井　もちろん、政府の支出に関するなんらかのルール、つまり財政規律は絶対に必要だと思いますよ。政府が野放図に支出を拡大し、政治家が好き勝手に政府のカネを何の制約もなく自由に使っていいわけがない。政府支出は国民を幸せにする内容と金額でなければなりません。しかし、だからといってただ厳しければいいというものでもない。重要なのは、その財政規律が「適切かどうか」という一点です。厳しすぎても緩すぎてもダメなんです。

日本経済が堅調に成長しているインフレの場合なら、緊縮財政でも構わない。むしろ、増税や政府支出の削減に努めることは高いインフレ率を落ち着かせる効果がありますから、適正な政策だといえます。しかし、デフレのときに財政を絞りすぎれば深刻な事態になる。

――それは橋本政権が実証しました。

藤井　でも財務省の掲げた「財政の健全化」は、具体的にいうと、インフレかデフレかにかかわらず、「増税して支出をカットして財政の黒字化を目指す」ということなんです。そのために彼らはめちゃくちゃ頑張っているわけですよ。そして財務省には、消費税を上げたり、うまく支出を削ったりして、緊縮財政に貢献した官僚が出世できるという出世メカニズムがある。政府の支出をケチればケチるほど出世できるんです。逆にいえば、おカネをジャブジャブ出す官僚は左遷されてしまうんですよ。

——結局、出世コースに乗るためですか。

藤井 まぁ、そうです。彼らとずーっと戦った僕の体験から、より具体的にいうと、大方の官僚は、出世したいという気分に加えて、場合によってはそれよりもより強く「自分の立場がヤバくなるのを避けたい」と思っているんです。つまり、失敗して干されることを極端に恐れている。で、財務省の組織それ自身が「財政を健全化する」ことを実現するマシーンとなってしまっている。しかも、「財政を健全化する」ことを、彼らは勝手に「国債を発行しない」ということだと解釈してしまっている。だから財務省は、国債を発行しないことにかけて血道を上げる、ということになっているわけです。

ただし、一人ひとりの役人は国債を発行しないことに情熱を傾けているのでは「ない」。彼らはひとえに上司に気に入られ、嫌われないようにするため「だけ」に、国債を発行しないように一生懸命に努力をするんです。要するに、財務省という組織のなかで「オリコウサンだね」と褒められるためだけに、国債発行を減らす努力をする「ポーズ」を見せつけるのです。その結果、予算は削られ、消費税は増税されるわけです。なかでもトップの事務次官になる人は、そういうキング・オブ・キングのような「オリコウサン中のオリコウサン」になっている人ですから、もう、国債発行を減らすこと以外何も考えられない高性能ロボットになっているんですよ。こいつがまた、部下に国債を発行させないようにする仕事を命令し続けるわけです。

だから彼らに、国債を発行しないと国民の生活はボロボロになって、挙げ句に財政も悪くなって、あなたたちも困るんですよ、なんていっても全く耳に入らない。なんといっても彼らは、「国債を減らして、オリコウサンって呼ばれたい」と思ってるだけの単なるロボットなんですから、そんな話が耳に入るはずがない。国民を不幸にしてるとか財政を悪化させてるなんて考えてみたこともないはずですよ。

――なんてこと……。悪気すらないなら、よけい始末に負えない。先におっしゃった「財務省設置法」を盾にしているのなら、その法律を変えるしか手はないですか？

藤井 変えないとダメだと思います。だいたい設置法は憲法違反なんです。憲法十三条には、『生命、自由及び幸福追求に対する国民の権利については、(中略) 国政の上で、最大の尊重を必要とする』と書かれている。要するに、政府は国民が幸せになる状況をつくらなければいけませんよ、幸せにする義務があるんですよ、ということです。ところが実際、財政健全化のために増税をして国民は不幸になっている。そういう意味で財務省設置法は憲法違反なんです。

だから前の大蔵省の設置法の文言に変えるか、「財政の健全化」を「健全な国民経済に基づく健全な財政を確保する」というふうに変えたらいい。財務省ってめちゃくちゃ優秀な役人ばっかりですから、「健全な国民経済に基づく健全な財政の確保」という目的に変えれば、今、政府、というより自分の省のためだけに使っている優秀な頭脳を、今度は国民のために使っていただけるわけですよ。そうすれば、国民も幸福になるじゃないですか。

とはいえ、そう簡単ではない。財務官僚たちは、むしろ逆に「財政健全化目標」を憲法に書けと訴えている。つまり憲法を設置法に合わせようとしているわけです。

――おぞましい~。

「プライマリーバランス黒字化」という呪文

藤井　さらに厄介なのは、小泉政権が２００６年6月に「プライマリーバランス黒字化目標」を含む「骨太の方針」を閣議決定してしまったことです。このプライマリーバランスというものが政府の活動を大きく制約していて、今の政府の行政の形、あるいは日本経済の動向にとんでもなく大きな影響を及ぼしている。にもかかわらず、国民にはほとんど知られていない。知られていないから、まさかそんなものが国を滅ぼすほどの災いを日本にもたらすなどとは誰も思っていない。それがまた、日本をさらなる危機に陥らせているんです。

プライマリーバランスとは、日本語では「基礎的財政収支」と呼ばれるもので、しばしば「ＰＢ」とも表記されます。これは、政府の収入（歳入）と支出（歳出）の差額のこと、つまり政府の財布の「収支」のことです。これが今、「赤字」の状態なんですね。そこで「ＰＢ黒字化目標」という厄介な考え方が出てきたわけです。

そもそもアメリカをはじめ世界中のどこの国でも政府の収支は、基本的にずっと赤字なんですね。だから政府の借金総額（政府の累積債務または債務残高ともいわれる）は、図表10からわかるように政府ができてから基本的にずっと増え続けているんです。

[図表10] 赤字国債発行額の推移

イギリス　政府債務残高 1691→2011

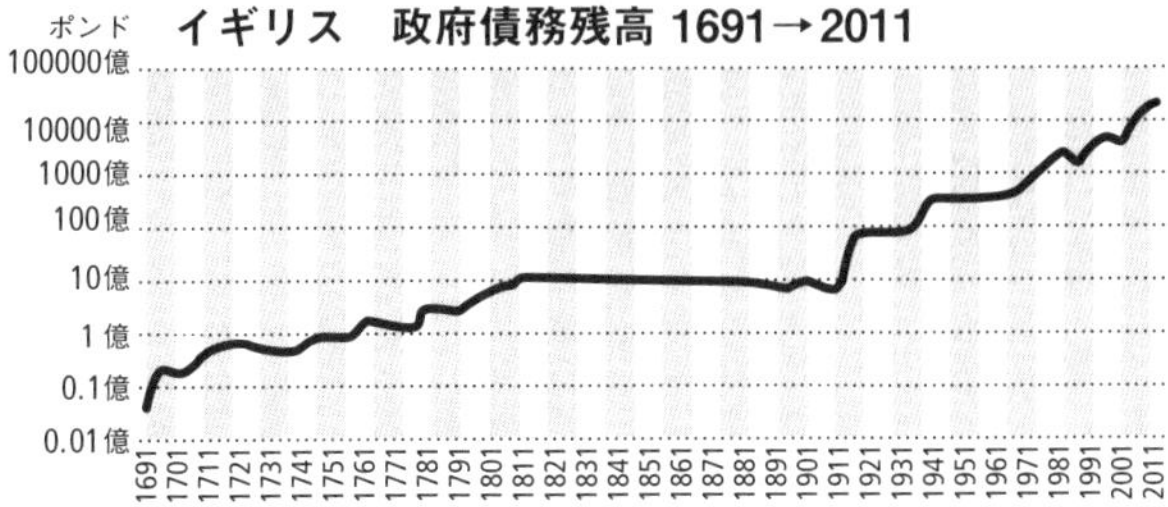

出所／Bank of England,Public Sector Debt Outstanding in the United Kingdom

アメリカ　政府債務残高 1790→2020

出所／U.S. Treasury Fiscal Data,Historical Debt Outstanding

日本　政府債務残高 1870→2019

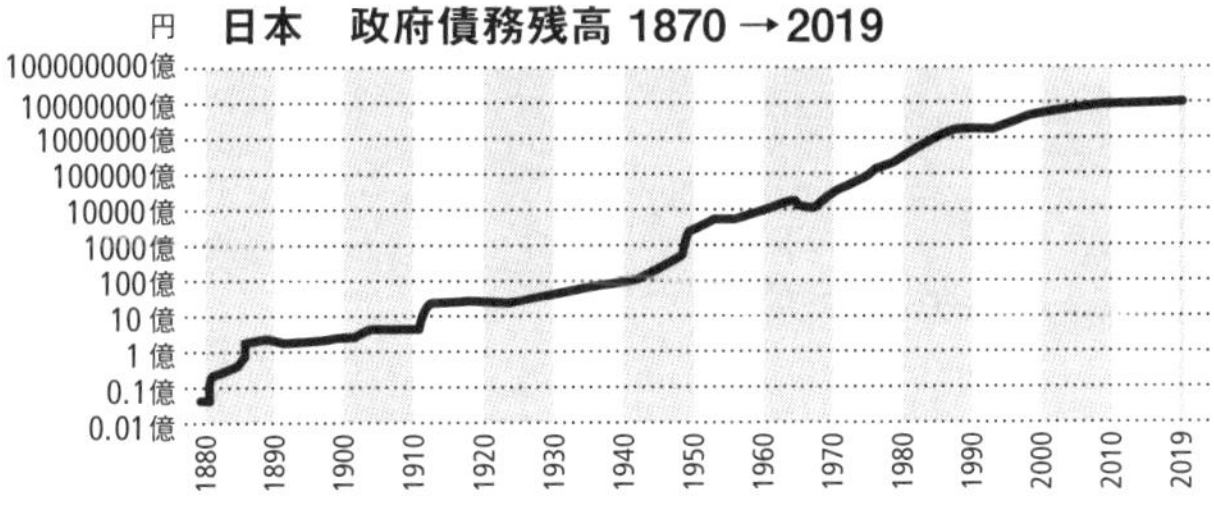

出所／1972年まで大蔵省『財政金融統計月報』第270号
　　　1973年から大蔵省・財務省『国債統計年報』

つまり政府というのは、国債を発行して税収よりもたくさんの活動を展開していくのが当たり前なわけで、日本政府が赤字なのはごく普通のことなんです。ご覧のようにアメリカもイギリスもそうしてきたのです。しかし財務省は政府を家庭になぞらえて、赤字が続いている、これ以上赤字が増えると国が滅びるぞ、と脅すわけです。

前にもいったように、「財政破綻論」を信じ込んでいる人のほとんどは、「政府の借金」と「家庭の借金」を同じように考えてしまう。それが間違いのもとなんですよ。家庭では自分でおカネをつくることはできないけれど、政府は国債を発行しておカネをつくることができる。だから、政府が借金で破綻することなどあり得ない。

でも、財務省は「家計」の比喩を多用するんですね。「兆円」の代わりに「万円」を使って、〈今の日本の状態は、「旦那の稼ぎが月給62万円」なのに、「毎月73万円の出費」をしている。だから、毎月11万円の赤字になっている。では、この11万円の赤字をどうやって埋めているのかというと、「借金」するしかない。つまり今の政府は、毎月毎月、11万円も余分に（国債を通して）借金をして、73万円の支出をする暮らしをしている家計と同じなんです〉という調子です。

——そういわれたら、毎月借金をしながら暮らすなんて、とんでもない！　と思ってしまいますよね。62万円の収入なら、62万円以内に出費を抑えるよう努力するべきでしょ。でないと、そのうち借金で首が回らなくなってしまうじゃないですか、と。

藤井 そうでしょう。僕だって、自分の家の話だとしたら、まるっきりそう思う。政治家もマスコミもそう思う。政府の収支を家計にたとえられた途端、誰でも赤字は減らしたくなる。だから、「支出を削って収支のバランスをとり、借金をしなくてもよい状態に健全化する」という主張は、至って真っ当な意見に思えてくる。

——そうやってだまされていくんですね。

藤井 財務省は、各国会議員に消費増税やPB黒字化など自分たちにとって重要な政策については、繰り返し、「ご説明」に回ります。とくに将来、自民党の幹部や総理大臣になる可能性がある議員には、若いころから徹底的に「ご説明」を繰り返すだけでなく、その議員たちが望む政策に予算を充当してやることで「恩を売る」というテクニックも使う。

こうして財務省の巧妙なプロパガンダが徹底的に展開されていくなかで、小泉政権は「プライマリーバランスを黒字化しましょう」という目標を導入したわけです。

「政府の財政」は「家計」とは全然違う

藤井　何度でもいいますが、政府の財政は「家計」とは全く違う。むしろ「企業」のやりくりに近いといえます。企業は基本的に銀行からおカネを借りて仕事をしますから、赤字そのものは悪ではありません。借金して新しい店を出すなど「投資」を行って、そこでおカネを儲けて回収しようとする。つまり、たくさんおカネを使い、ビジネス・チャンスを拡大しながら、さらに多くのおカネを稼ごうとするのが企業です。

たとえば、トヨタだって創業時には小さな企業だから、借金総額はたかだか数百万円とか数千万円。ところが、成長するにしたがってビジネスの規模がデカくなっていくから借金総額は数億円になって、数十億円になって、挙げ句に数千億円っていう規模になっていく。つまり、規模が大きくなるにしたがって借金総額が増えていくのは、当たり前なんですね。トヨタが借金総額をゼロにしよう！　なんていい出したら、新しい技術開発も新しい営業戦略も何もできなくなって瞬く間に衰退してしまうでしょう。借金総額がデカくなるっていうのは、家計でいうと悪いことに見えますが、企業でいうと、逆に良いことでもあるんです。

一般に、大規模な投資を行う企業は収入をどんどん増やしていく。一方、投資をしない企業は収入がなかなか増えていかない。他の企業が成長している場合は、ジリ貧になっていく。だから優秀な企業経営者は、銀行から借金して投資を行い、収入の拡大を図るわけです。これこそ、資本主義の企業に求められる当たり前のあるべき姿です。資本主義国家の日本において、企業は借金をしているのがむしろ健全な状態なのです。

――企業がおカネを借りなくなったら、銀行は商売になりませんよね。

藤井　そうなんです。銀行は第一義的には私たちのおカネを預かるために存在しているのではなくて、投資をしようとする企業におカネを貸すために存在しているんです。資本主義の世界では、経済を生物にたとえると、銀行は心臓だといわれています。つまり、おカネという血液をぐるぐる回して生かしているのだ、と。おカネの流れが止まれば、活動がストップしてしまう。借金こそが、成長を導いているわけです。

いずれにしても企業は、家庭とは全然違い、「支出（投資）を増やせば収入も増える」と同時に、「支出（投資）を削れば収入も減る」という存在です。政府もこれと全く同じなんです。政府がＰＢを黒字化しようとして無理やりに支出を縮小していけばいくほど経済は悪化してしまい、とどのつまり収入（税収）も縮小してしまう。実際、赤字国債を減らすんだといって断行された5％への消費増税で、税収は減ってしまっているんですよ。消費税を増税したにもかかわらず、景気が悪くなってそれ以外の税収が減ってしまったからです。

これをしっかり覚えておいてください。政府は家庭とは違って、支出を増減させれば、それにつられて収入も増減してしまう存在なんです。だからデフレ不況が続いている状況ではなおのこと、借金があるからといって、焦って強引に借金をゼロにするような愚かなことは絶対にしてはいけない。それになんといっても、最初にお話ししたように政府はおカネをつくれるんですから、借金なんて怖がる必要はないんですよ。

「PB黒字化目標」を達成したアルゼンチンとギリシャ

藤井　ちなみに「PB黒字化」を目標にした国は、少なくとも僕の知る限り、2カ国しかありません。アルゼンチンとギリシャです。

――財政破綻した国じゃないですか！

藤井　そうです。恐るべきことに、両国ともPB黒字化を目指して増税と歳出カットの「緊縮」財政に真面目に取り組み、その目標を達成した途端に、政府が「破綻」（デフォルト）状態に陥ってしまったのです。

アルゼンチンは1980年代、他のラテンアメリカ諸国と同様に、放漫財政による経済の混乱状態に疲弊していた。これを立て直すために90年代初頭にIMF（国際通貨基金）などに救済を依頼し、交渉の結果、大量の資金融資を受けることになった。ただしこのとき、IMFは2003年度までに「PBをゼロにすること」という条件をつけた。つまり、財政赤字をゼロにしろ、と。

これを了承したアルゼンチンは、IMFなどから借りたカネを返すべく、PBを黒字化させるために懸命に増税と歳出カットの緊縮策に取り組んだ。その結果、めでたく目標年次よりも2年早い、2001年にPB黒字化を達成したんです。しかし、過激な緊縮財政を推し進めたために景気が悪化し、そのころにはアルゼンチン経済は衰弱しきった状態になっていた。結果、税収が大幅に減少。財政は悪化の一途をたどり、最終的にはPBを黒字化した2001年の暮れ、ついに対外債務を履行できなくなった。要するに、アルゼンチンは財政破綻に陥ってしまったのです。

——自国通貨のアルゼンチン・ペソではなくて、アメリカ・ドル建ての負債だったために、100%円建て国債で借金している日本政府のように自ら通貨を発行して返すことは不可能だったわけですね。

藤井　その通り。アルゼンチンと同じような経路をたどったのがギリシャです。ギリシャは、2008年のリーマンショックまでは経済は順調に拡大していたんですよ。ところが、リーマンショックで経済は大打撃を受け、2009年にはGDP（国内総生産）は大きく下落した。そして、PBは一気に悪化して、GDPの1割程度の赤字となってしまった。ギリシャ政府はこの問題を乗り切るために、IMFなどに融資を依頼し、幸いにも融資を受けることができたのですが、アルゼンチンと同様に徹底的な緊縮財政を展開するよう、「PBの黒字化目標」を押しつけられる。

ギリシャ政府はその目標を達成するために、増税と歳出カットを繰り返していった。おかげでPBは年々改善していったのですが、GDPは年々悪化していった。そして2013年、ついにギリシャはPB黒字化を成就する。しかしそのころには、徹底的な緊縮財政のあおりを受けてGDPは4分の1も毀損してしまっていた。失業率も平均で26％以上、若年層に至っては60％以上となってしまった。結局は、その翌々年の2015年、実質的に破綻してしまうことになったのです。

――ギリシャは、「ユーロ建て」の国債による借金だった。ユーロを発行できるのは欧州中央銀行だけで、アルゼンチンと同様、政府がおカネをつくって借金を返す、などということはできなかったわけですね。でも、いってみればＩＭＦの指導が間違っていたということですよね。ＩＭＦってもっと信頼できる機関かと思ってましたけど。

藤井　最近はちょっとマシになったともいわれているのですが、ＩＭＦはヘンテコな緊縮思想に凝り固まっていて、いろんな国の経済を壊してばかりきたんですよ。その一つがギリシャだったということです。

いずれにせよ、アルゼンチンもギリシャも、「ＰＢ黒字化」を目標に掲げて、増税と歳出カットという徹底的な緊縮財政を推し進め、その当然の帰結として経済を悪化させ、財政をさらに悪化させ、経済破綻状態へと追い込まれてしまった。つまり経済危機に陥った国に対して無理矢理ＰＢ目標を押しつけてしまうと、危機が悪化し、景気は低迷して、実質的な経済破綻状態となってしまうわけです。ＰＢ黒字化目標などというのは、危機に陥った国家にとっては、その体力を奪い続ける恐ろしい「毒矢」なんですよ。

財政規律は毎年「骨太の方針」で決められる

――そんな恐ろしい「PB黒字化目標」を小泉政権はどうして導入したのでしょう？

藤井　プライマリーバランスという尺度を持ち出したのは、小泉内閣で経済財政政策担当大臣だった竹中平蔵さんです。先に述べた「骨太の方針」は、小泉内閣が発足した2001年から毎年、策定されるようになったんですね。現在の正式名称は「経済財政運営と改革の基本方針」で、毎年6月ごろにトップダウンで方針を決めます。首相が議長を務め、財界の代表も入った「経済財政諮問会議」でまず議論・決定した後、閣議決定するのです。

この「骨太の方針」が、次年度の予算の組み方や中長期の財政のあり方の基本方針として策定されるものですから、行政にものすごく大きな影響を及ぼすんですね。中長期目標に沿って、次年度予算で重点化する政策目標を示し、予算編成に反映されます。そのなかにいつも「財政規律」が必ず決められる。PBについても何がしかの記述がされるのです。PB制約というものを導入するのかしないのか、導入するとしてもどういうような形で導入していくのか、導入しないのであればどういう規律で運用していくのか。そういう方針が毎年6月ごろに「骨太の方針」で決まるわけです。

――PBを導入しない場合もあるんですね？

藤井 2009年に麻生太郎内閣によってPBの制約は一度、撤回されました。前年に「百年に一度の金融危機」といわれたリーマンショックが発生して、大規模な財政政策でその被害をできるだけ小さく食い止めようとしたわけです。そして、比較的十分な財源で復興することができた。

ところが2010年、民主党政権の菅直人内閣で、PB黒字化目標をまた導入したんですよ。その翌年の3月11日に、東日本大震災が発生した。しかし大震災という非常事態においても、財政規律が優先された。PB黒字化目標を閣議決定していたために、復興に必要な財源を十分に得られず、「復興増税」などという前代未聞の政策が実施された。しかも、復興税は被災地からまで徴収されたんですよ。

――えーっ！ 確定申告に行くと、「復興特別税」を忘れないでくださいね、と中告にきた私たちに税務署員がしつこく繰り返していましたが、被災者からも取っていたなんて知りませんでした。ひどーい！

藤井 残酷ですよ。ああいう大災害があったときは国が国債を発行しておカネをつくって復興の道筋を立てるのが当たり前。復興税なんて、世界の常識じゃ考えられないもの。さらに菅直人内閣を継いだ野田佳彦内閣は、２０１４年における消費増税を決定。野田民主党政権を打倒して与党に復帰した安倍自民党政権は、デフレ脱却を掲げて当初は大規模な財政支出を行ったものの、２０１３年6月にＰＢ規律を記載した「骨太の方針」を閣議決定し、２０１４年に8％への消費増税を断行した。その後、10％への増税については財務省に抗って消費増税時期を二度先送りしましたが、結局は２０１９年には10％に上げてしまった。だから必竟《ひっきょう》、安倍内閣はＰＢ黒字化路線を踏襲したんです。

「緊縮財政は絶対に正しい」という空気

——前々から気になっていたのですが、アベノミクス当初は財政支出を拡大していた安倍さんが、どうして緊縮財政を推進する方針に転換してしまったのですか？

藤井　一言でいえば、緊縮の空気に勝てなかったから、だと思います。

——どんな空気があるんですか？

藤井　たとえば安倍さんが「デフレ脱却のために、消費増税しないで財政支出を拡大します！　そうすれば、明るい未来を子どもたちに残すことができる！」なんていうと、「いい加減なことというんじゃないですよ！ これだけ借金が膨れ上がっているのに、さらに借金するなんて滅茶苦茶じゃないですか。無責任の極みですよ‼」とまわりも世間の人もいう。正しいことをいっている人が、無責任な悪い人みたいな感じになるわけです。そういう空気を財務省が長年かけて、用意周到につくってきたんですよ。だから、安倍さんはそんな空気に負けて、消費増税を二度もやっちゃったわけです。しかも、政府支出を増やしたのも最初だけで、残りの6年間は全く増やしていない。だから安倍内閣って、結局は緊縮内閣だったんですね。

――でもそれは、国民に対する裏切りじゃないですか。少なくとも安倍さんは、デフレ脱却を公約にして政権交代したんだし、デフレ脱却できるまで消費増税はダメだとわかっていたのだから。それに総理大臣は、内閣人事局を通じて高級官僚の人事権を握っていますよね。だからこそ、官邸の意向を過剰に忖度する官僚が出てきて、森友学園に絡む公文書の改ざんまでやってのけたわけでしょ。総理がその気になりさえすれば、財務省の意向に反して、消費増税の凍結や財政拡大を実行できないことはないでしょう。

藤井 本来はそうなんですよ。だから、腹を括ればどうとでもなったわけです。だけど、そこは安倍さん、できなかったんですよ。というのも、安倍さんは「アベノミクスでデフレ脱却だ〜！」なんていってたけど、あの中身って結局は、日銀がおカネを大量に貸し出すという「金融政策」だけで、ホントに必要な財政政策は実質なかったんです。なぜそうなるかというと、財政政策をやろうとすると「借金増やすのか〜！」っていろんな人にバッシングされる空気がある。でも、金融政策なんていくらやっても誰も文句をいわない。しかも、経済学者のなかに「財政政策なんてやらなくてもデフレ脱却できますよ。金融政策だけで十分なんですよ！」なんて、政治家にとったら耳触りのいいことをいうエラい「リフレ派」と呼ばれる先生たちもいたものだから、安倍さん、それに乗っかっちゃったんですね。

　こんな感じで、財務省あるいは財務省が周到につくり上げた「空気」にみんなが日和ってばかりいたらもう、総理大臣であろうが官房長官であろうが、自民党幹事長であろうが、誰も財務省に勝てなくなります。つまり、腹が括れない、覚悟なき政治家たちによる内閣なんかよりも、財務省のほうがはるかに強くなっているんですね。

　なんといっても財務省は実質的に予算編成権を持ち、国税庁という最強の国家権力をも配下に持っている。情報力も半端ない。さらに財務官僚たちは手練手管《てれんてくだ》で、国会議員はもとより、経済学者、ジャーナリスト、評論家などを丸め込んで、財政破綻論を吹聴させる。財務省がつくった空気は自民党や旧民主党系の幹部に入り込んでいるし、財務省はマスコミのトップどころを牛耳っているし、大半の経済学者を直接的、あるいは間接的に飼い慣らしていますから、とてつもない力を持っているんです。財務省と戦うとなると、それらすべてを敵に回さなければならない。

安倍さんは消費増税を二度にわたって延長するなど財務省と戦ったけど、結局は、財務省の圧力に負けて二度も消費税を増税してしまった。財務省を怒らせると、長期政権を維持することができない、と少なくとも認識されてしまっているからです。今度の新しい総理総裁に期待したいところですが、よほど腹を括った人物でない限り、この構造はなかなか変わらないでしょう。

なぜマスコミは真実を伝えられないのか

——永田町や霞が関には何か得体の知れない独特な空気があると思っていましたが、想像以上です。このままだと、国民がさらに生贄にされてしまう。どうにかして風穴を開けることはできないのですか？

藤井　空気が変わるまで事実を突きつけていくしかないと思います。臨床心理学から生まれた「ドミナント・ストーリー」という考えがあるんですけど、政界や学界などさまざまな集団で幅広く支配的（ドミナント）なものとして共有されている、ある特定の「物語」がある。今のドミナント・ストーリーは「借金増えた↓破綻する↓止めるには増税やむなし↓国民一人ひとりが負担する＝日本の未来はこれしかない」なんですね。それに沿わない意見や見解は排除して、自分が信じる物語を維持するためにいろんなウソをパッチワークのように貼り合わせて、ハリボテのように生きていくのだけれどそれってどこかで必ず破綻する。

だから、あきらめずに事実を突きつけていくことが大事なんです。「限界質量」という概念があるのですが、事実に気づいた人がちょっとずつちょっとずつ増えていって、その数がある程度の量までいくと一気に変わる。喫煙者が激減したように、あるところを超えるとガラッと変わることがあるので、そうなるまで辛抱強く、一人ずつ隣の人に事実を語りかけていくしかないと思います。

――私も、その特定の物語を信じていたというか、疑っていなかった。でも、インターネットで配信されている藤井先生たちのお話を聞いたり著書を読んだりしていると、新聞やテレビで伝えられていることとは全然違う話が出てくる。違うどころか、まるで反対の意見もあってビックリしました。だからこそ、本当のことを知りたくて、こうしてお話をうかがっているのですが。

藤井　私たちが真実を話しても新聞は全然取り上げないし、テレビでも編集されてしまうから、伝えるのは非常に難しい。生放送でもＭＣや共演者が真実についてのトークを邪魔立てするのでやはり難しい。

僕の経験からお話しすると、抗議の電話が20本くらいあるだけでテレビはネタを変えるんですね。だから朝のワイドショーの司会の方々なんかは、叩かれるのが怖いから、無難なこと以外は驚くほど何も話さない。

個人的な情報なので社名は伏せておきますが、某大手新聞社の方と本の出版の話をしていて、「消費増税の話は書かないようにご配慮くださいね」といわれたことがあります。一応、我が社は増税賛成なので、本でも（増税反対論は）ちょっと出せないんですよ、と。もっと露骨なやり方もありました。新聞で経済学者と対談したときに、「日本国債は１００％円建てだから破綻しようがないはずだ」という内容を話したら、紙面ではその部分がカットされていた。そういう言論弾圧が実際にかかっている。

僕は新聞記者の方たちがみんな不道徳だとは思っていない。道徳的な方がいたとしても上層部に握りつぶされるんですよ。僕の経験と研究からすると、どんな省庁もマスコミに圧力をかけることができると思いますが、財務省の圧力はダントツに強い。

さらに今、多国籍企業が言論空間を支配しつつある。多国籍企業というのは、マスコミのスポンサーですからね。アメリカやヨーロッパを中心に日本も含めて、グローバル企業がマスコミを操り、政界を操るというのが先進国のスタンダードになりつつあるんですよ。

——もう、新聞もテレビの報道もにわかには信じがたい。ネット上の情報も玉石混交だし、最近は、YouTube や Facebook などの情報も勝手に削除されるそうですし。自分で学んで力をつけて、取捨選択していくしかないですよね。

藤井　僕の話も鵜呑みにするのではなく、自分の頭でじっくり考えていただきたい。もし疑問を感じたら調べるでしょう。調べたらまた疑問が浮かんでくるかもしれない。そうやって考えているうちに、どれが正しいか必ずわかってきますから。

——はい。もう、これ以上、だまされて墓穴を掘りたくないですから。

「増収分」の６割弱が「借金返済」に回された

藤井　話を戻しましょう。デフレ脱却には、政府が積極的に歳出を増やすことが不可欠です。にもかかわらず、ＰＢ目標を掲げた政府は、「増税」と「歳出カット」という「緊縮財政」を通して、赤字を縮小させようとする。その情熱たるや、すごいですよ。内閣官房参与を６年間務めたという立場から日本のあり方を論じる『令和日本・再生計画』（小学館新書）を書いていたときに、安倍内閣を検証してみようと思って、いろいろ調べてデータをつくったのですが、本当にひどいと思った。

安倍内閣が誕生した時点での税収は42兆円で、安倍内閣で一応経済は成長して、２０１８年度時点では60兆円まで拡大したんですよ。18兆円増えて、税収は１・４倍にも拡大した。成長したら税収が増えるんです。18兆円増えたのだから、道路を造ったり医療を拡大したり、学校の施設を良くしたりしたらいいと思うじゃないですか。ところが、全然やっていない。

増収分のうち10・６兆円も、財務省の赤字圧縮政策に使ったんですよ。18兆円をどこにどう配るかは財務省が全部決めている。もちろん国会で審議するんですけれど、基本的に財務省がやっているんですね。社会保障費が６・６兆円拡大したので、それは致し方なく厚生労働省に渡した。残りは赤字圧縮政策、つまり借金の返済に当てたんですよ。借金があったらあかんやろ、返済させてもらうわ、と。一応、防災事業や尖閣諸島などの防衛で、国土交通省は0・2兆円、防衛省は0・5兆円拡大していますが、その拡大分は増収分から出しているというよりもむしろ、総務省が所管している「地方交付税交付金」を1兆円以上削ることで拠出したものです。

——税収が増えたのに、財政基盤の弱い地方の資金を削ったんですか？　エゲツないですね。

藤井　ひどいでしょ。そして、文部科学行政や農林水産、環境、外交については、予算は全く増えていない。

つまり、安倍内閣は税収が40％も増えて18兆円もの豊かな収入が増えたにもかかわらず、そのうちの10兆円以上もの税収を赤字を減らすために使ったわけです。アベノミクスで一部景気が良くなって税収が増えていったのに、その増えた分の6割弱はPBの赤字を縮減するための借金返済に回されていたんですよ。

財政を拡大することで日本経済を活性化させて、日本国民を豊かにするというのが僕の目的で、内閣官房参与として必死で戦ったのに、このデータを見て、この6年間はいったいなんやったんや、完全に負けとるやん！ と悔しくて悔しくて仕方なかったですね……。

――いいにくいのですが……、内閣官房参与を辞してまで消費増税反対の言論活動に取り組まれたのに、その奮闘もむなしく、2019年10月に消費税が10％に引き上げられてしまった。

藤井 ほんまに口惜しい。その年の「骨太の方針」に、「2025年度の国・地方を合わせたPB黒字化を目指す」と記載されていたんです。PBの赤字を削らなくてはいけないという議論がなかったら、消費税を増税しようという議論はなかったはず。心あるエコノミストは消費税が非常に悪い影響を及ぼしているというのですが、実は消費税を導入させた黒幕はこのプライマリーバランスです。増税しても増えた税収を全部使えば景気への影響は最小化できて、それなりにゆっくりと成長はできたはずなんですよ。

でも、プライマリーバランス規律がある限り、そんなことはできない。ただ単に増税して、増えた税収を国民に還元せず、ドブに捨てるようにして借金返済に回す、っていう道しか残されていないんですよね。

適度な経済成長が国民を幸せにする

世界中でもプライマリーバランスにこだわっている国は、日本のほかにはありません。なぜなら要するに、PBにこだわりすぎると景気が悪くなり、税収が減って、プライマリーバランスが悪化する。一方、PBにこだわらなければ支出が拡大して成長が可能となり、税収が増えて、財政を健全化するからです。

いいですか、経済成長こそが必要なんですよ。

――以前から引っかかっていたことなんですが、一般に経済成長はいいことだといわれていますけど、私にはそうとも思えないんです。どう考えても無限に経済成長できるわけがない。大量生産、大量消費を拡大し続けていけば、いずれ地球の資源は枯渇するし、地球環境を破壊する。何より、おカネさえ使っていれば幸せ、というものでもないでしょう。もっと欲しいと思うから不幸になることもあるわけで、「足るを知る」ということも大切だと思うんですけど。

藤井 おっしゃる通りです。僕も、行き過ぎた経済成長は人間を幸福にしないと思います。でも、その逆にあまりに貧乏だと不幸になるのは当然の話ですよね。幸せになるためには、めちゃくちゃたくさんのおカネがある必要はないけど、それでもある程度は必要ですよね。前にもいったように、消費が拡大するということは、私たちの所得が増えるということです。また、生産も増える。生産能力が上がって、量も質も上がっていく。所得が増えれば余裕が生まれて、文化的なレベルも上がっていく。経済成長には、そういう側面がある。

――貧すれば鈍する、という言葉がありますけど、貧乏だと毎日どうやって暮らしていくかばかり考えて、他のことに気が回らない。食べるのもままならなくなると、悪事に走ることもある。経済的に余裕がないと、心も貧しくなりますよね。

藤井 そうです。そして、大事なことが、もう一つ。経済成長は要らない、という識者もいるのですが、経済学的メカニズムから見ると、資本主義には「弱肉強食」の原理があるので、成長しなかったら、どれだけ規制をかけても資本家が徐々に強くなっていく。成長しない経済では、資本家が、磁石が砂鉄を吸いつけるように庶民のおカネを吸い上げていくんですよ。

しかし、資本家が富を収奪する以上に成長していると、弱者にも富を分配していくことができる。成長していくことで初めて、弱者にも発展の余地が出てくる。資本主義を採用している国では、成長しない限り、弱者は資本家に搾取され続けることになるんです。それが幸か不幸か、資本主義っていうものの特徴なんです。

——なるほど！　目からウロコが落ちました。

藤井　もちろん共産主義の国なら資本家の暴走をガシッと止められるでしょうが、今の日本においては、やはり資本主義をベースにしながら、資本家の暴走をある程度止めつつ、バランスをとって成長していくしかない。過剰な消費社会への批判は当然あるとしても、経済学的な視点でいうと、消費というものが一定程度伸びていくことは人間の幸福に役立つわけです。

——政界や財界の人たちが「経済成長」という言葉を口にすると、なんとなく世界に日本という国を誇示したり自分たちを利するための経済成長であって、国民一人ひとりの豊かさや幸福がないがしろにされているような気がするんですね。先生は一定程度とおっしゃいましたが、私たち国民にとってベストな経済成長とはどういうものだと思われますか？

藤井　成長した分が人々の幸福のために使われていく、それがベストな経済成長です。それが本当にできるなら成長率なんて何パーセントでも構わないと思います。でも逆に、成長した分が人々の幸福のために使われなくて、特定の資本家や権力者のためだけに使われていくような経済成長なら、最悪ですよね。

　じゃあ、人々の幸福のために使われていくとはどういうことかというと、第一に、貧困と格差の是正のために使われるということ。第二に、治安や防災、そして国防、医療、福祉といった、安全安心に暮らしていくために使われていくこと。第三に、食べたり着たりするものや居住する空間をどんどん上質で、上品なものにしていく、つまり生活文化の高度化のために使われるということ。そして第四に、余暇の芸術の水準の向上と、そのたしなみに一人でも多くの人が触れられるようになっていくために使われるということ、です。

　この話は、一人の貧困にあえぐ若者がどういう生涯を送るのかを考えるとわかりやすいと思いますよ。そんな若者は、なんとかカネが稼げるようにならなきゃいけない。さもなければ、貧困のままで不幸なままだから。でも、金持ちになればそれでいいのかっていうと、そうじゃない。上品で、他人に対して思いやりのある、良い金持ちにならなきゃいけない。浅ましく、何の思いやりもない、下品でおぞましい守銭奴の金持ちになってもしょうがない、ってことです。

　これが、僕のイメージする「良い経済成長」っていうものです。

――素晴らしい！　そういう経済成長なら、日本の社会は本当の意味で豊かになりますよね!!　岸田総理が「分配なくして成長なし」とおっしゃっていたので、期待が膨らみますが。ところで、話は戻りますが、良い経済成長を実現するためにも、とにかく政府が金融政策だけでなく、実際に支出を拡大する財政政策を行うことが必要不可欠なわけですよね。その理屈が今ひとつ、飲み込めていないのですが……。

藤井　それを明確に理解するためには、経済の仕組みそのものを確実に理解する必要がありますよ。これまでの話と重複する部分もありますが、改めて解説しましょう。それさえ正確に理解できれば、「経済成長」のためには、やはり一時的には財政赤字を拡大させることが必要であること、そして、それさえできれば経済成長して、それを通して税収も増え、最終的に財政赤字が減っていって財政再建あるいは財政健全化が実現していく、というストーリーが、おのずと明らかになってきますから。

重要なのは「金融市場」よりも「実体市場」の活性化

藤井　まず市場と呼ばれるものについて改めて説明しましょう。

市場は、「実体市場」と「金融市場」から構成されています。その市場での活動に着目して、前に述べたように、「実体経済」「金融経済」と呼ぶ場合もあります。

――モノとサービスを生み出して利益を得る経済活動が実体経済で、国債とか社債とかの債権や株を売買して、おカネでおカネを増やして利益を得るのが、実体のない金融経済でしたね。

藤井　その通り。で、実体経済を支える市場が実体市場で、金融経済を支える市場が金融市場と呼ばれるわけです。

実体市場というのは、家電製品や食品、クルマなどのさまざまなモノや、接客や介護などのサービスが商品として取引されている市場です。モノやサービスを取り扱っているのは、私たち消費者や民間企業、そして政府です。私たち国民が行う消費や投資は、おおよそこの実体市場での経済活動です。

一方、金融市場とは株や債権（国債や社債）などのいわゆる「金融商品」を取り扱う市場です。その商品を取り扱っているのは、銀行や保険会社、あるいは、さまざまな種類の投資家や投機家たちです。また、銀行の預貯金も金融商品の一種とみなすことができます。

――預金しておくと、５円とか10円とか利息がつきますものね。これも一応、おカネでおカネを増やしてはいます（笑）。

藤井　まぁ、そうですね。それは金融市場で得た所得、ってことになりますから。でもまぁ、私たち一般の国民が金融市場ではほとんどおカネを稼いでいませんよね。私たちが金融市場でやっているのは「貸し借り」だけで、一部の手数料を除けば、私たちの所得とは直接関係がない。ちなみに、銀行におカネを「預ける」なんていってますけど、実際は、私たちが銀行におカネを「貸し付けている」と考えるんです。したがって、おカネを貸しているから利息がつくわけですね。

それはさておき、私たちの所得がどこから来ているのかといえば、いうまでもなく金融市場じゃない「実体市場」からです。金融市場でカネ儲けしているのは、ごく一部の投資家さんたちしかいません。だから私たちがお金持ちになっていくために必要なのは、実体市場が活性化していくことなんですね。消費や投資が盛んに行われて実体市場が成長していけば、自ずと私たちの給料も上がっていく。一方で、金融市場がどれだけ活性化しても、単に貸し借りをしているだけで、投資家、投機家の資産の増減はあっても、私たちの所得がそれで増えるということはありません。

――でも先生、時々ニュースを見ていると、株価が上がったら景気がよくなってきたとか、株価が下がったら景気が悪くなったとかいってますが、あれって実体市場じゃなくて、金融市場の話ですよね。株価についてはどう考えたらいいんですか。

藤井 私たちの所得にとって、株価が上がろうが下がろうが、短期的にはたいした影響はありません。それで儲けている人は、株を買ったり売ったりしている資本家だけで、それをやっていないほとんどの普通の人には何の関係もありません。

もちろん長期的にいえば、株価が高くなっていけば、それぞれの企業がたくさんの投資をすることにつながり、各企業が成長して、「実体経済」も成長していくということにもつながりますが、それはあくまでも長期の話。だから株価の話は、短期の話と長期の話を分けて考えないといけないんですね。新聞やニュースで株価が上がったとか下がったとかっていうのは、全部短期の話ですから、一般の投資家じゃない国民にとっては何の関係もない話なんです。

――なるほど。よくわかりました。

藤井 とにかく、国民にとって大切なのは実体市場だっていうことですが、実体経済の活性化で増えていくのは、国民の所得だけではないんですよ。政府の税収もまた増加していきます。もちろん金融市場にも金融所得課税というものがありますが、この税収は税収全体のごく一部でしかない。政府収入の大半は、消費税や法人税、所得税といった実体市場での活動にかけられているものです。

だから、財政再建を果たすには実体市場の活性化を果たすことが必要不可欠なんです。したがって、経済成長と財政再建の双方を同時に果たしていくためには、金融市場ではなく実体市場の活性化を目指さなければいけないんですね。

誰かが「借金」しないと経済は1ミリも動かない

藤井　金融市場と実体市場は、図表11のような形でつながり合っています。もともと、実体市場にあるのはモノとサービスだけで、おカネは存在していません。だから、モノとサービスを取り引きしようとすれば、おカネを金融市場から「借りて」こなければならないのです。

――「おカネは銀行で借りたときにつくられる」というのは、そういうことですね。

藤井　そうそう。具体的にいえば、銀行に口座をつくって、そこに銀行から借りた金額を「預金」として記帳することが、実体経済におカネが流通する最初の一歩になります。そうしておカネを手に入れた政府、あるいは民間企業が、そのおカネを使って

［図表11］「実体市場」と「金融市場」におけるマネー循環

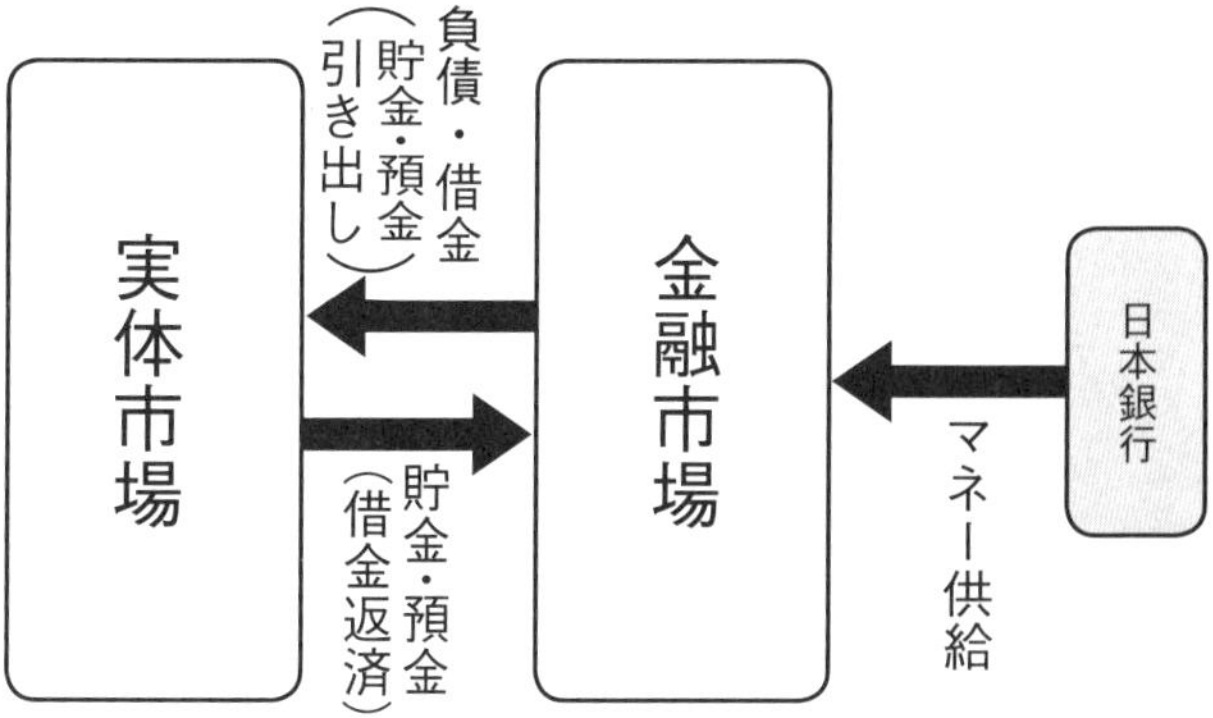

出典／『プライマリー・バランス亡国論』（育鵬社）

消費や投資を行うことで初めて実体経済が動き出す。その消費や投資が、企業収益や従業員の給料となって、私たちの所得が生まれるのです。

そして、その所得や企業収益を使って、さらに消費や投資が行われていくという資金の循環が生まれていく。つまり、ただ単に金融市場におカネが大量に存在していたとしても、それはただ単に山積みされているだけで、消費や投資も動かないし、企業収益も家計の所得も生まれない。誰かが「借金」をすることで初めて、実体経済は動き出すのです。政府でも民間企業でも誰でもいいから、とにかくどこかの誰かが借金しなければ、経済は1ミリたりとも動かないんです。

借金こそ経済成長の原動力

今一度、図表11をよくご覧ください。実体市場から金融市場へのマネーの流れの基本は「貯金・預金」ですが、これと同じ流れ方をするのが「借金返済」です。具体的にいうなら、どちらも稼いだおカネを銀行窓口に持っていって渡すという行為です。だから、おカネの循環の視点からいえば、等価の行為です。それと同じように、「貯金・預金引き出し」と「負債・借金」もおカネの循環の視点からいうなら、同じです。家計から考えると全然違いますが、経済という仕組みのなかでのおカネの循環から考えると、そうなるわけですね。

この実体市場と金融市場の間のおカネの循環を理解するには、「アクティブ・マネー」と「デッド・マネー」という2種類のおカネを想定すると、よりわかりやすくなると思います。アクティブ・マネーとは、実体市場で流通する、いわば「活きたおカネ」です。だから、その流通量は一定期間、たとえば1年の間に使われたおカネの総量として、GDPなどの形で測定できますが、デッド・マネーというのは、金融市場にしまい込まれて全く動かない、いわば「死んだおカネ」です。

アクティブ・マネーは増えれば増えるほど、企業の収益も私たちの所得も政府の税収も向上していく。「カネは天下の回りもの」というように、まさに天下をぐるぐる回っているおカネこそが、アクティブ・マネーなんです。前に触れたように、好況と不況の違いは世の中を回っているおカネの量が多いか少ないかの違いなんですが、このアクティブ・マネーの量が多くなればなるほど景気が良くなり、少なくなればなるほど景気が悪くなるわけですね。

ところが、デッド・マネーはどれだけ増えても世の中には関係ない。預金通帳の預金の数字が大きくなるだけ、あるいはタンス預金の札束が厚くなるだけで、どこにもおカネは回らず、その結果、所得や税収は増えません。

銀行に借金を返すと、世の中のおカネが消えてしまう、というのは、「活きたおカネ」が、借金を返すことによって金融市場にしまい込まれて、「死んだおカネ」になってしまうということです。だから経済の活性化、経済成長のために増やしていくべきおカネは、デッド・マネーではなく、アクティブ・マネーなんです。

では、どうすればアクティブ・マネーをつくりだせるか？　もう、おわかりでしょう。

——借金をすることです。

藤井　その通り。図表11が示すように「預金引き出し」でもつくり出せるわけですが、「借金」によるアクティブ・マネーの創出は、金融資産を持たない者でも実行できるという点に非常に重大な意味があります。もし借金が禁止されていたなら、アクティブ・マネーは「預金引き出し」でしかつくり出すことができません。ということは、アクティブ・マネーを創出できるのは金融資産を持っている一部のお金持ちだけになります。しかも、つくり出されるおカネの量も金融資産の量だけです。したがって、借金が禁止されている経済の成長率は、極めて緩慢なものとなります。

ところが、借金が許容される社会では、金融資産を持たない者ですら借金をすることでアクティブ・マネーをつくり出すことができるわけです。つまり借金という行為が発明されたことによって、経済の成長率は格段に向上することになったんです。

——すごい発明ですよね。お金持ちでなくても、やりたいビジネスを始めるチャンスができたわけですから。借金のイメージがコロッと変わりました。

藤井　そもそも、ほとんどの人は国家と個人というものがごちゃ混ぜになってしまっているから、政府の借金は自分の借金みたいな錯覚を起こして、借金は悪いものだと思い込む。しかし資本主義経済では、借金というのは、経済全体を活性化するとても良いものなんです。実際に私たちの生活を豊かにするんです！「政府の赤字＝国民の黒字」だといったように、ＰＢ赤字は国民側から見れば黒字なんですよ。ＰＢ赤字を拡大するということは、政府が頑張って国民におカネを供給するということであり、一方、ＰＢ黒字化というのは、政府がケチになるということですから、政府がケチになったら国民は貧乏になるのです。

いいですか、何度も繰り返しますが、政府の財政と家計は全く違うんですよ！　そこがなかなか理解されないことが、緊縮財政をここまで進めてきてしまった最大の原因ともいえます。

なんといっても経済学者や官僚たち、政治家たちですら、経済や財政の本当の仕組みを正確に理解している人はほとんどいないのが実態です。ちょっと視点を変えてみれば、簡単にわかるはずなんですよ。なのに、「借金は悪だ！」という思い込みが激しすぎて、視点をちょっとずらすということさえできず、借金が悪だと思い続けているんです。その結果、誰もが「日本には大量の借金があって、このままでは破綻する。

だから政府支出は増やせない」という間違ったイメージを強固に持ってしまっている。そして、そんな間違った思い込みだけを根拠として、日本政府の活動を著しく制限する財政規律を正式に政府決定してしまった。それが、「プライマリーバランス黒字化目標」なのです。

実体市場から金融市場へおカネが逆流するデフレ不況

藤井　ホントに困った話なんですが、そういうヘンテコな思い込みに囚われている学者さんや政治家さんたちの話はさておくとして、日本が直面している「デフレ不況」の場合、おカネはどのように循環しているのか見てみましょう。

まずデフレ不況に陥ったとき、図表12に示したように実体市場から金融市場へとおカネが激しく逆流していきます。

実体市場が不活性状態になると、人々は投資をする意欲がひどく減退します。いわゆるビジネスチャンスがほとんどなくなってしまうので、人々はわざわざ銀行からおカネを借りてまで新しいビジネスをしようとはしなくなる。

——私たち消費者にしても、わざわざ銀行や消費者金融からおカネを借りてまでモノ

[図表12]

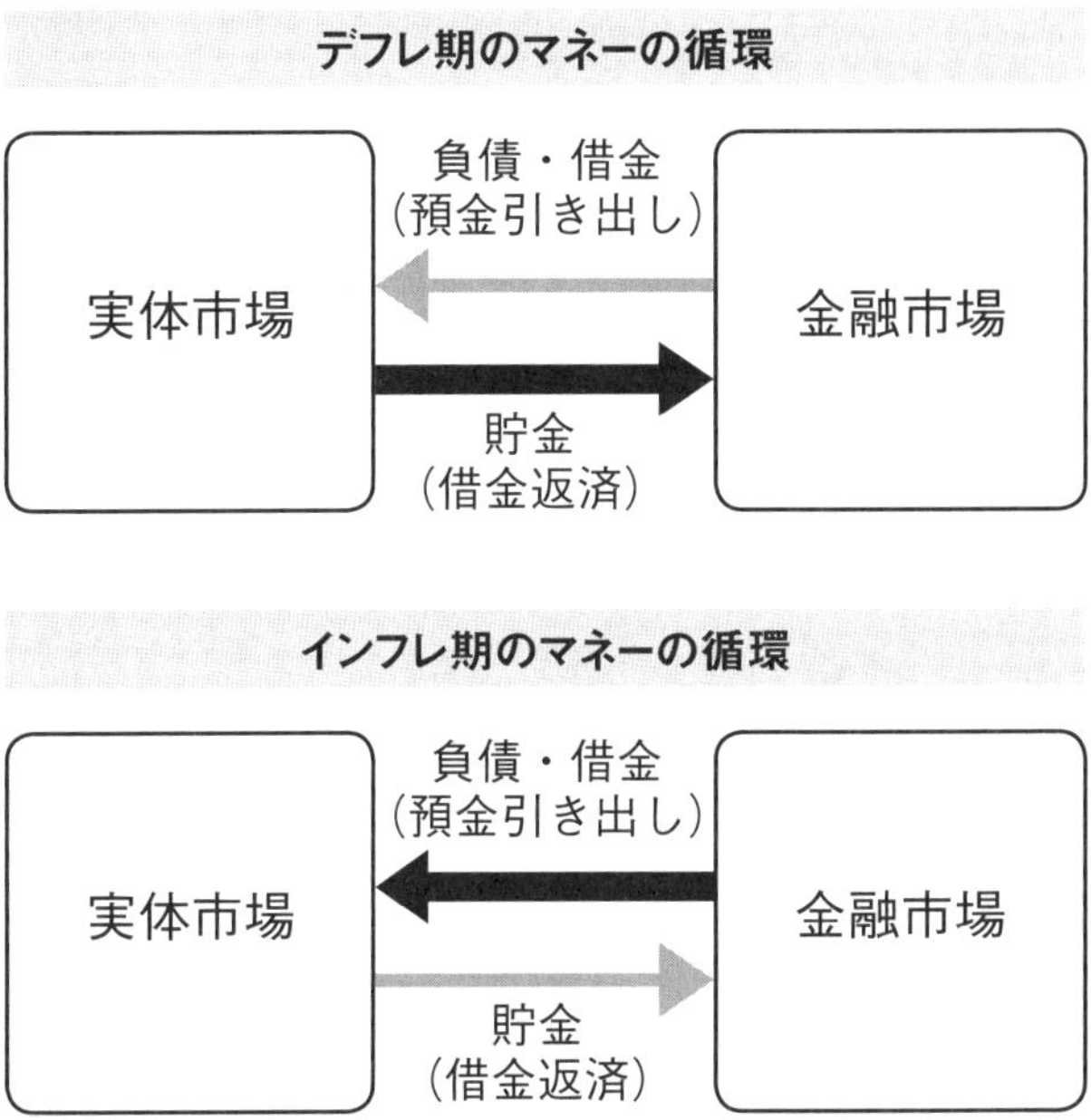

出典／『プライマリー・バランス亡国論』（育鵬社）

やサービスを買おうとはしなくなります。

藤井　その結果、金融市場から実体市場へのマネーの流れは滞り、アクティブ・マネーが縮小していく。同時に、実体市場で儲けたおカネも消費や投資に回されることなく、結局は預金の形で金融市場に大量に流れ込んでいく。事実、97年以降、一般企業は内部留保を積み上げてきた。結果、実体市場から金融市場へのマネーの流れは拡大し、大量のアクティブ・マネーが「死に金」（デッド・マネー）になっていく。

これが資金循環の視点から見たデフレ不況と呼ばれる構造です。つまり、実体市場のおカネが金融市場に吸い上げられていくという現象、それがデフレ不況なのです。こうなると、実体市場が不活性化し、投資や消費、そして企業収益や私たちの所得、政府の税収すべてが縮小していくことになります。

金融市場から実体市場へおカネが盛んに流れる好景気

藤井　インフレの場合、おカネの流れがデフレ期とは逆になります。図表12のように、インフレになると、金融市場から実体市場へのおカネの流れが拡大し、これによって実体市場が活性化していく。実体市場が活性化してくれれば、人々は消費や投資を盛んに行うようになる。企業にしてみれば、さまざまなマーケットでビジネスチャンスが拡大していく。お店を出せばお客さんが増えるだろう、仕入れを増やせばたくさん売れるに違いないという期待が膨らんで、さらにもっと儲けようと、わざわざ銀行からおカネを借りて投資していく。

――景気がよければ、私たち消費者も収入は順調に入ってくるものだと思うし、ひょっとしたら賃金が上がるかも……と期待するから、これくらいは返せるだろうとローンを組んだり、少々借金したりしてでも欲しいモノを買ったり旅行したりする。

藤井 つまり、インフレになると企業も消費者もより多くのおカネを借りるようになる。そうなれば図表12に示したように、金融市場から実体市場へのおカネの流れを大きく拡大していくことになる。デフレのときとは逆に、金融市場で「死にガネ」として滞留していた大量のデッド・マネーが活性化されて、実体市場のアクティブ・マネーが増大していくのです。

さらに実体市場で儲けたおカネは貯金に回すのではなく、消費したり投資に当てる。なにしろ消費者も企業も銀行から借金までして消費や投資をしようとしているのだから、儲けたおカネを消費や投資に回すのは当たり前。その結果、図表12のように、実体市場から金融市場へのおカネの流れが縮小していくことになります。
このようにインフレ状況では、おカネは金融市場から実体市場へと大量に流入して、実体市場がさらに活性化していく。消費も投資も、企業収益も国民所得も、そして政府の税収もすべて、右肩上がりに拡大していくことになります。これこそが、「経済成長」と呼ばれる現象です。つまり経済成長とは、おカネの循環の視点からいえば、金融市場から実体市場へのおカネの流入現象なのです。

「PB改善」は「活きたおカネ」を殺す

――わかりました！　だから日本経済を成長させるためには、金融市場に溜まったおカネを引き出して、実体市場のモノやサービスを購入する財政政策が不可欠なんですね。とりわけデフレのときは大規模な財政出動が必要になる。積極的な金融政策と財政政策とを連動させて経済活動を後押ししていくことが経済成長につながり、ひいては財政の健全化も実現させることができる、というわけですね。

藤井　その通り！　日本がデフレ不況に陥ったのは、１９９８年でした。その前年、まだバブル経済崩壊後の不況が続いているにもかかわらず、橋本政権は財政健全化を焦って消費増税と公共投資の削減などの緊縮財政を行った。本来なら実体市場におカネを注ぎ込んでアクティブ・マネーを増大しなくてはならなかったのに、財政収支を黒字にすること、つまり後にいう「ＰＢ黒字化目標」を掲げて、財政支出をとことんケチったために、日本経済を戦後初めてのデフレ不況に叩き落としたわけです。

消費増税が行われた97年度、プライマリーバランスは、マイナス18・22兆円からマイナス14・46兆円と、３・８兆円も見事に改善しました。これは、おカネの循環の視点からいうと、「実体市場から金融市場に３・８兆円を吸い上げた」ことを意味しています。要するに、「政府が３・８兆円もの大量のアクティブ・マネーをデッド・マネー化させた」。つまり、「活きたおカネを殺した」ということです。

――ＰＢ黒字化というのは、活きたおカネを殺すことになるわけですね。活きたおカネを殺せば殺すほど、私たちの所得は減り、税収も減り、日本の経済は死んでいく。

藤井　そうです。いったんデフレ状況となれば、金融市場におカネが流出し、実体市場が停滞していくことになる。そうなればますます消費や投資が減り、その結果として実体市場がさらに停滞していく。要するに、実体市場の停滞が、さらに激しい停滞を呼び込むことになっていく。これが「デフレ・スパイラル」という現象で、日本は

98年から、この悪夢のデフレ・スパイラルのサイクルに突入してしまい、そこから抜け出せなくなってしまった。

その結果、図表13のようになりました。

——ひえ〜っ！　日本がどん尻。しかも日本だけがマイナス⁉

藤井　そう。日本だけが成長できなくなり、世界経済における国力としての経済力が激しく縮小していくと同時に、国民所得は縮小し、さらには、政府の財政も悪化し続けるという悪夢のような状況に立ち至ってしまったのです。

非常時にも出費をケチる政府と財務省

藤井　さて、悪夢のようなデフレ・スパイラルの上に、2019年10月の10％消費税と、それから半年も経たないうちのコロナショックです。さすがに、「PB黒字化」とかほざいている場合ではないはず……なのですが、驚くべきことに2021年の6月に菅義偉内閣によって閣議決定された「骨太の方針」には、「プライマリーバランス黒字化を目指す」という目標を堅持する、という旨がしっかりと明記されてしまいました。はっきりいって、政府がこの記述を撤廃しない限り、日本がデフレ脱却でき

[図表 13]

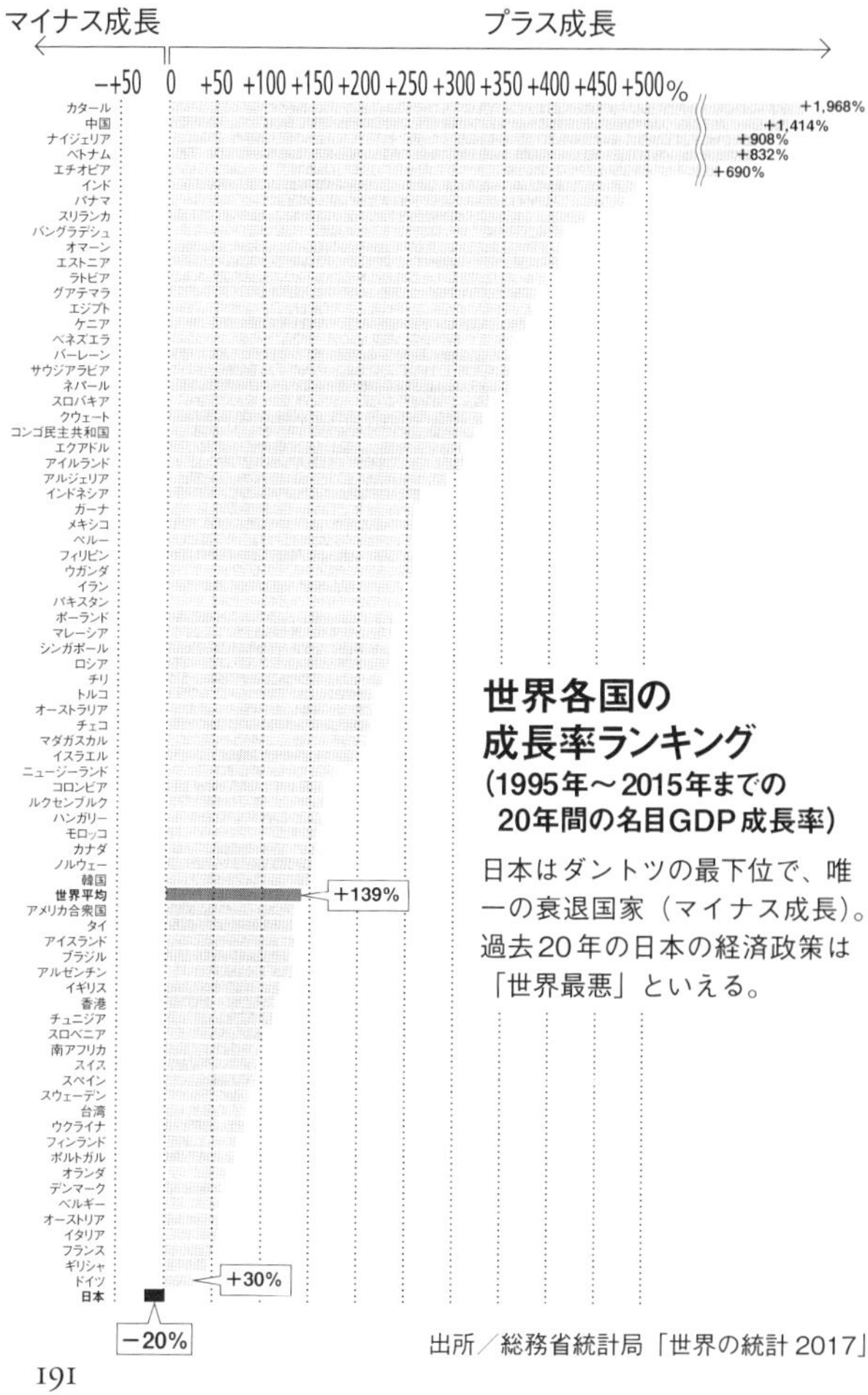

出所／総務省統計局「世界の統計 2017」

る可能性は完璧にゼロ、になってしまいました。最悪です。

――なんてこと……。

藤井　この方針が政府で決定される以前の段階で、自民党では、そんなものを決定してしまったら、コロナ不況からの脱却すらできなくなるじゃないか、プライマリーバランス黒字化を議論することさえダメだ、という議論もあったのですが、残念ながら、そんな声は、自民党内部での意見集約の段階ですべて無視され、政府・菅内閣に対し自民党として「プライマリーバランス黒字化目標を、しっかり政府としても決定してね」なんていう提案が出されたのです。だから政府は、そんな与党からの意見を踏まえて、プライマリーバランス黒字化目標を明記することにしたわけですね。

――この非常時に、おカネを使ったらダメだというケチな緊縮財政派の議員たちがまだまだいるわけですね。

藤井　そうなんです。PB目標が必要だと主張しているみなさんは、ホントにそれが立派なことだと思っているわけです。財政規律は明記すべきだ！　そうしないと、国民がカネを使え、もっと使えといって、使わされて政府の赤字がとんでもなく膨らんで、日本政府が大変なことになる。財政破綻が起きて大変なことになるリスクを避けるためにもＰＢはしっかりと守らなくてはいけないのだよと、さも、自分は正義の味方なんだ、っていうような心持ちでアピールしてるんですよ。

――でも、その考えは完全に間違ってる！　今の日本でいくら国債を発行しておカネを使っても破綻は起きないし、財政赤字を削れば削るほど、国民は貧乏になって、税収も減って、それこそ政府が大変なことになる。

藤井　そう、逆なんですよ。財政再建したいなら、経済を回さなくてはいけない。消費税をゼロにするなり、１００兆円の真水（ＧＤＰを直接増やす効果のある予算）を出すなりして経済を立て直したら財政再建できるんです。こういうことを僕は永田町で何回も何回もレクチャーしているし、機会を見つけては何べんも話している。内容を理解し、納得している人もいるとは思いますが、悲しいかな、一向に成果が出ない。

ＰＢ目標が大事ダ～！　財政再建待ったなしダ～！　なんていっている人たちともこれまで何度も時間を過ごす機会、話をする機会はあったのですが、彼らは一度も僕を論破したことがないんですよ。だって、できませんから。こっちが１＋１＝２といっているのに、「違うのだ、３なのだ！」とはいえないじゃないですか。だから私の前では黙って聞いていて、財務省側に行って、藤井はバカだ、なんていってるんです。

そういうの、実は回り回って耳に入ってきますから。なんにしても政治家さんたちが政府のなかで安定的な地位を得ようとすると、財務省のお墨付きが必要ですからね。国会議員といえども、財務省に目をつけられると長生きできない。要するに、根性がないんです。ビビっとるんですよ！　マジで……あ、キレてしもた（苦笑）。

財政緊縮派議員は間接的な国民殺人者である

藤井　はっきりいいましょう。今、財政規律を最優先する財政緊縮派議員は、間接的な国民殺人者です。

――キツっ！　でも、そういわざるを得ないくらい、危機的な状況だということなんですね。

藤井　そうなんです。ＰＢ規律を導入すると、政府はおカネがたくさん使えません。そしたら、どうなるか？

まず、経済がボロボロになります。消費税は減税できません。休業補償なんかやりません。国民はこれからもっと失業していきます。企業はもっと倒産していきます。ＰＢ規律がある限り、国民の失業は止まらない。倒産も止まらない。自殺者は必然的に増えます。これは間接的殺人ですよ。

二つ目、ＰＢ規律があると、政府はおカネがたくさん使えません。そしたらコロナ感染者の治療を一生懸命にやってくれる病院におカネを入れられません。病院がボロボロになってしまいます。コロナに対応する病院が減っていきます。コロナにかかった人が今よりもっと病院で診てもらえなくなって死にます。

また、ＰＢ規律があると、おカネがたくさん使えません。休業要請しても補償はしません。そしたらホストクラブ、キャバクラなど、仕方がないから店を開きます。そしたら感染が広がります。コロナにかかって死ぬ人がまた増えます。

三つ目、ＰＢ規律があると、おカネがたくさん使えません。堤防をつくりません、ダムをつくりません。地震対策もやりません。大きな台風や地震が来たら人が大勢死にます。

あと全部まとめていいますが、ＰＢ規律があると、おカネがたくさん使えません。地方が疲弊していきます。いろんな産業が衰退していきます。食料自給率も上がりません。エネルギー自給率も上がりません。あらゆる都市の暮らしも立ち行かなくなります。みんな貧乏になります。税収が減ります。地方の自治体も国も貧乏になります。

ますます何もできません。教育もできません。科学技術も衰退します。いろんなところでちょっとずつ疲弊していって、日本が死んでいきます。

――絶望しかないじゃないですか。

藤井　政府というのは、ものすごい力を持っているんです。その力を行使できる国会議員がケチであることが、どれくらい多くの人を殺すのか、ということなんですよ。だから私はPB規律は撤廃するべきだ、とずーっといい続けてきたのに。なんで、わからんのか！　って、心の底からいつも怒っている。政治家だから、ちゃんと責任を取るべきですよ。

ところで、このPB規律をめぐっては、コロナ禍になってから自民党内で激しく議論が交わされています。そのうちの一つであった、2020年7月14日、自民党の政調全体会議での議論の様子が入手できたのですが、そのときに、「骨太の方針」に財政規律を入れるべきだと主張した自民党議員（当時）が誰だったのか、国民は知っておくべきだと思います。

ここに、ご紹介しておきましょう。

衆議院議員
稲田　朋美（福井１区）
石﨑　徹　（新潟１区）
井林　辰憲（静岡２区）
大岡　敏孝（滋賀１区）
岡下　昌平（大阪17区）
宗清　皇一（大阪13区）
参議院議員
滝波　宏文（福井県）
松川　るい（大阪府）　など

なお、同会議で、財政再建派に反発した財政拡大派（反・緊縮派）は次の通りです。

衆議院議員
山本　幸三（福岡10区）

城内　実　（静岡7区）
中村　裕之（北海道4区）
石川　昭政（茨城5区）
藤丸　敏　（福岡7区）

参議院議員

舞立　昇治（鳥取県・島根県）
足立　敏之（全国比例）　など

――しっかり覚えておきます。また機会を見つけては、いろんな議員さんたちが緊縮派なのか反・緊縮派なのか、見極めたいと思います。

藤井　そうですね、あれから総裁選もあって高市早苗さんがプライマリーバランス凍結を旗印にして立候補して話題になったりしましたから、プライマリーバランスについて意見を変えている議員さんもおられるでしょうし。ぜひ、一人でも多くの政治家のみなさんに、プライマリーバランス規律がどれだけ最悪の政府の手枷足枷になっているのかを、理解してもらいたいですね。

第4章

「グローバリズムが日本を救う」というウソ

第3の矢「成長戦略」の大誤算

——私たちのためにも将来世代のためにも日本経済をなんとしても成長させなくてはいけない、ということはわかりました。そういえばアベノミクスの第3の矢は「成長戦略」でしたけど、どんな戦略だったのか改めて教えてください。

藤井　この成長戦略には、いろんなものがごった煮で入っているのですが、結論からいうと、その中身のほとんどがロクでもないものばっかり。こんなことをやればやるほど、成長どころか、デフレ不況がひどくなってしまうという政策ばかりだった……というのが結論なんですが、それを理解してもらうために順を追って説明したいと思います。

まず基本的には、政府がやろうとした「成長戦略」は一言でいうと、さまざまな産業における「自由化」「規制緩和」、さらに「民営化」「グローバル化」を推進するという戦略でした。具体的には水道民営化、空港民営化、電力自由化、種苗法改正案の閣議決定、種子法（主要農作物種子法）廃止、移民受け入れ拡大などのほか、TPP（環太平洋経済連携協定）をはじめとする自由貿易協定も盛んに進められました。こうした「構造改革」を徹底的に進めれば、民間の投資が活性化して経済が成長していくに違いない、というのが第3の矢「成長戦略」の捉え方です。菅さんはアベノミクスを引き継ぐなんていってましたが、彼が一番熱心だったのが、この成長戦略です。

――構造改革というと、小泉政権（2001～2006年）のときに、「官から民へ」「改革なくして成長なし」「聖域なき構造改革」などをキャッチフレーズに道路公団や郵政の民営化などを断行してましたよね。国民も大歓迎でした。痛みに耐えれば明るい将来が来るんだ、と信じた国民の期待は大きくて、小泉政権の支持率は戦後歴代1位の87・1％（読売新聞世論調査）もあったんですよね。あのとき、改革の旗振り役だったのが、小泉総理に要請されて民間人から「経済財政政策担当大臣」に就任した経済学者の竹中平蔵さんでした。国民が選んだわけでもないのに、金融担当大臣や内閣府特命担当大臣などを歴任されていたので、小泉さんにずいぶん気に入られているんだなあ、と思ったのを覚えています。

藤井　小泉政権は、政策立案を官邸主導のトップダウン型に変えたのも特徴なんですよ。与党内の議論を経ずに、首相の諮問機関が司令塔となって次々と政策を実現していく。この「政高党低」の手法は安倍政権にも引き継がれました。

アベノミクス第3の矢の「成長戦略」についても、安倍内閣は首相官邸主導の「経済財政諮問会議」や「未来投資会議構造改革徹底推進会合」などを設けて精力的に議論を重ね、さまざまな改革を包括的に進めたわけです。確かに何らかの規制を緩和することで、投資が拡大し、経済が活性化することはあります。でもそれは、インフレのときに限ります。なぜかというと、インフレのときは、需要が旺盛で供給が足りないという状況です。そういうときは、いろんな規制を撤廃すれば供給力が増えます。そうなると、より多くの需要を満たすことができる。つまり、より多くのモノが売れるようになって、どんどん成長していくことになります。

でも逆に、デフレのときにはどれだけ規制緩和をやったり自由化したりしても、何の効果もありません。なぜならデフレの場合、需要よりも供給が多いからです。そんな状況で、規制緩和や自由化をやって供給をどれだけ増やしても、需要はもともと少ないんだから結局、売れるモノの総量は全く変わりません。だから成長なんてできないわけです。

「規制緩和」が倒産や失業を増やす

藤井　成長できないどころか、むしろ、その規制緩和によって「過当競争」が誘発され、デフレが加速することになります。たとえば、デフレで増えた業種の一つが牛丼屋さんですが、お店が増えれば増えるほど競争が激しくなって、どんどん牛丼の値段が下がっていきましたよね。デフレでお客さん（需要）が少ないときにお店（供給）を増やせば、物価が激しく下落するわけです。そうなると、すべてのお店の売り上げが下がり、そこで働く人の給料が減っていくことになります。

――規制緩和によって賃金が下がっていった業界は少なくないのでしょうね。

藤井　典型が、タクシー業界です。タクシー業界は昔、需給バランスを保つために街ごとで需要に見合ったタクシー台数に制限していたのですが、小泉政権下のさまざまな構造改革の一環で、台数規制が廃止されてしまったのです。そうなると、いろんな企業がタクシー市場に流入してきて、タクシーの台数がものすごく増えてしまった。でも、タクシーに乗ろうとするお客さんは、タクシーの台数がどれだけ増えたって大して変わりませんよね。だから運転手さん一人当たりの売り上げがものすごく減ってしまった。ドライバーさんの給料もガクンと減ることになったわけです。つまり、客が少ないデフレ状況下での規制緩和は、賃金の低下に拍車をかけてしまうのです！

しかも、デフレのときはビジネスのパイの取り合いになって、結局、価格が下がっていってしまうんです。さっきのタクシーの話ですが、客が増えずにタクシー台数だけが増えて過当競争になった。そこで何が起こったかというと、なんとかそのなかで客を少しでも増やそうと、価格引き下げ競争が始まったわけです。結果、大阪では、長距離の料金を大幅に割引きしたり、初乗りの価格をどんどん下げたりする業者が出てきた。そうなると、競争に打ち勝つために他の業者もすべて値下げせざるを得なくなっていく。そうしてますます、ドライバーさんの売り上げが減って、給料がどんどん下がってしまったんです。

こんな例もある。たとえば２０００年に、大型店舗の立地についての規制を緩和した「大規模小売店舗立地法」が施行されました。大型店舗を開業する場合、周辺の商工会議所あるいは商工会がその立地の是非や規模を検討するプロセスがあったのですが、そのプロセスが廃止されて、自由に大規模店舗を立地できるようになった。それ以降、バブル崩壊後の不況とも連動しながら、全国の小型店舗の倒産、店じまいが相次ぐことになったわけです。

つまり、不況下での「規制緩和による競争激化策」は、客を大きく増やすことがないばかりか、倒産や失業を増やし、不況をより深刻化させることとなるのがオチなんですよ。

――結局、第3の矢もデフレの傷を大きくしたということですか？

藤井　そうなんです。需要が少ないデフレの状況下では、単に供給力を増やし、過当競争を促すような種類の「規制緩和」は絶対にやってはいけなかった。それにもかかわらず、この20年、政府はやり倒したんです。それがまた、デフレを加速させてしまっていた、というわけです。

「緊縮財政」と「グローバリズム」は双子の関係

藤井　ただ、規制緩和、自由貿易、グローバル化への流れは、ここ最近始まったものというよりは、「小さな政府」を目指した大平内閣（1978年〜1980年）から始まっている、という話も押さえておく必要があります。「小さな政府」というのは、経済活動に極力加担しない政府のこと。つまり経済政策の規模が小さい、緊縮財政の政府ということです。

――大平さんといえば、大蔵大臣時代に初の赤字国債を出して、「万死に値する！一生かけて償う」と宣言して、消費増税の導入をいい始めた最初の総理ですよね。ケチな政府の始まり、といってもいいですね。

藤井　その「小さな政府」の流れを受けて、中曽根康弘内閣（１９８２年〜１９８７年）は、日本電信電話公社（現ＮＴＴ）や日本専売公社（現ＪＴ）、国鉄（現ＪＲ）などを次々と民営化したわけです。

――できるだけおカネを使いたくない政府が、規制を緩和して民間企業に頑張っておカネを稼いでもらおうというのはわかります。これまで入れなかった市場に参入して事業を拡大したいという企業にとっても、規制緩和は望ましいですよね。でも、緊縮財政がなぜ自由貿易やグローバル化につながるのか、よくわからないのですが……。

藤井　グローバリズムは、自由貿易をどんどん進めていって国境というものをどんどんなくしていくような考え方であり、緊縮というのは基本的に政府が使うおカネをどんどん削っていく、あるいは税収の範囲でしかおカネを使わないということです。両者は一見違う概念のように見えますが、実は双子のような関係にあるんですね。

ごく簡単にいうと、多国籍企業というものは、「小さな政府」を好むからです。つまり、いくつもの国で活動する多国籍企業にとって、「経済的侵略」をしようとしている国の政府が強大で、あれこれ邪魔立てしてくると企業活動がやりにくくなります。

だから、その政府が弱ければ弱いほど都合がいい。で、政府っていうのは緊縮財政であればあるほど弱体化しますから、必然的にグローバリズムと緊縮財政は共創され、共進化する。したがって、緊縮とグローバリズムは双子のような関係にあるわけです。

——ああ、そういうことなんですね。ということは、政府がケチでなければ、グローバル化は進まないということですか？

藤井　そうです。さらにいえば、グローバリズムは金融資本主義というものと強く結託します。「カネだけがものをいう！」なんて浅ましく考える金融資本主義は、実体市場よりも金融市場におカネが流れ込むことを好みます。

——前に出てきましたよね、実体市場よりも金融市場におカネが流れ込む現象……別名、デフレですね！

藤井　そうです！　グローバリストのなかでもとりわけ金融グローバリスト、いわゆるウォール街の金融市場で荒稼ぎしている投資家たちは、デフレを好むという側面があります。デフレになれば金融市場にカネが流れ込んで、もっともっとカネ儲けができるようになるからです。だから、デフレを終わらせる財政政策は、そういう人たちからは嫌われるんです。その点からもグローバリズムと緊縮財政は離れがたい関係にあるといえます。

――「デフレを好む」って、つまりは、「私たちが貧乏になることを好む」ってことじゃないですか！　人でなし💢　あ、キレてしまった（苦笑）。

構造改革は官邸で決まる

――緊縮財政と構造改革が緊密な関係にあるのはよくわかりました。緊縮財政だった安倍政権のもとで、水道民営化や空港民営化、電力自由化、種苗法改正案の閣議決定、種子法廃止、移民受け入れ拡大のほか、ＴＰＰなどの自由貿易協定が精力的に進められてきたとのことですが、正直にいって、先生の著書を拝読するまでは、こんなにも構造改革が進んでいるとは思いませんでした。なぜ、ここまで大した摩擦もなく、実行することができたのですか？

藤井　まず毎年、閣議決定する最も重要な政府の基本戦略「骨太の方針」の正式名称は、「経済財政運営と改革の基本方針」です。つまり、安倍内閣はさまざまな改革を毎年やり続けていくことが決定づけられていたわけです。そして、官邸には総理が議長を務める「経済財政諮問会議」や「規制改革推進会議」「未来投資会議構造改革徹底推進会合」などの会議が設置され、文字通り徹底して推進されてきたのです。

なぜ、このようなことになっているかというと、自民党のなかで構造改革を推進すべきだという考えが広く浸透しているからです。先の話にも出たように、構造改革といえば小泉内閣での徹底的な構造改革路線がよく知られていますが、自民党には、この小泉流構造改革を引き継ぐ政治家、勢力が大量にいます。そのひとりが小泉内閣で官房長官を務めていた安倍さんでした。そして安倍内閣において構造改革を進めるために、官邸内にさまざまな会議を設けます。これらの会議で議論することによってさまざまな法改正が行われ、それに基づいたさまざまな改革が進められてきたわけです。その安倍内閣で官房長官をやってたのが菅前総理ですから、菅さんもそういう改革の流れをモロに引き継ぐ総理大臣だったんですね。だから彼は「規制改革推進会議」っていう、改革を推進する総司令本部を、安倍内閣のときよりもさらに拡充して、強力に改革を進めてきたわけです。

――その「規制改革推進会議」とか「経済財政諮問会議」などで委員を務めていたのは、大学教授や財界の要人などの「民間議員」と呼ばれる人たちですよね。どんな権限があるのですか？

藤井　何の権限もありません。本来、立法において最も権限をもっているのは国会であり、国会議員の議論が、民間議員の議論よりも優越してしかるべきです。それにもかかわらず、どうして民間議員たちにそんなに強力な影響力があるのか。そのメカニズムは、こうです。

まず、構造改革を「善」とする考えが自民党内で支配的になっており、自民党総裁もまたその考えを濃厚に持っている。そして官邸主導で「構造改革を進めるべきだ」と主張する竹中平蔵氏をはじめとした民間人を選定し、彼らを民間議員に任命する。つまり、最初から構造改革に反対する論者など委員に選ばないわけです。反構造改革派を排除することで、その会議では自動的にさまざまな構造改革を進めることが決定されていく。その改革が、とくに国会の審議を必要とせず、政府の権限で進められるものなら、もうこの時点で改革が自動的に推進されるわけです。

もちろん僕は、内閣官房参与の立場で財政政策を拡大せよと安倍内閣で主張し続けました。しかし、政府の重要会議の民間議員である竹中さんが安倍内閣のなかでは影響力が強く、さまざまな構造改革を進めていくことになったので、それと食べ合わせが悪い積極財政は、どんどん政府内で駆逐されていくようになっちゃったんですね。

だから政府のエラい人たちはみんな、「改革すれば成長するなら、それでいいじゃないか。財政ふかしたら借金が増えちゃうけど、改革だったらタダで成長できるんだから、竹中さんがいう改革で成長路線っていうのをやりゃいいんだよ。藤井の財政出動路線なんて、財務省がうるさいし、借金増えるぞ！　ってまたマスコミも騒ぐんだから、竹中さんの路線の方が、やりやすいじゃん」なんてふうに思うわけです。

──そうなんですか……。最初に先生が提案なさっていた財政政策路線が、竹中さんが入ってきちゃったことで、改革の方に歪められていったわけですね。

藤井　まぁ、ありていにいうと、そういうことです。

財務省も財界もアメリカも大歓迎の構造改革

藤井　しかも、竹中さんの改革路線は「タダで成長できる！」という話ですから、財務省も後押しする。カネを使わず、仕組みを変える構造改革だけで経済成長できるなら、財務省に対する「財政出動が必要だ」という圧力を、改革路線を主張するだけで撥ねのけられますからね。藤井らの財政路線を潰すのにもちょうど良い道具として使えるわけです。

加えて、構造改革はアメリカにとって、もってこいの取り組みです。アメリカ政府は日本に市場を開放させて、アメリカの企業に日本でカネ儲けさせる状況をつくりたいと考えている。そもそも日本の構造改革はアメリカからの要請によって、１９８９年の日米構造協議を皮切りとして始められたものですから。

さらに、構造改革は経団連をはじめとした日本の財界も大歓迎です。なぜならさまざまな規制を取っ払い、自由化を推し進める構造改革は、グローバル企業のビジネスチャンスを日本国内で拡大することができるようになるからです。

——つまり構造改革は、日本政府にモーレツに圧力をかけている「財界」「財務省」「アメリカ」のいずれもが求めている。追い風がビュンビュン吹きまくっている状態なわけですね。

藤井 もっといえば、今のところそれほど顕著じゃありませんが、お隣の経済超大国の中国も、日本マーケットを狙ってますから、そんな中国にとっても日本の構造改革は大歓迎でしょうね。

そして、こうした財界、財務省、アメリカといった圧力団体に強く影響を受けるのが日本のマスコミです。マスコミにとって、財界はスポンサーであり、財務省は情報提供者であり税査察権を使った脅しをかけることができる〝お上《かみ》〟です。

アメリカは、CIAをはじめとしたさまざまな機関が各マスコミに影響を及ぼすためのオペレーションを仕掛け続けている。ソフトなものなら、テレビ局の人間、とりわけ上層部と「仲良く」しておくだけで、さまざまに影響を与えることができる。そんなコネクションがあれば、アメリカ政府筋から一本、テレビ局幹部に「あの番組だけど……」という電話を入れるだけで、相当な圧力がかかるでしょう。あるいはアメリカを怒らせたらスポンサーが手を引くかも、なんて匂わせるだけで、実際にそうしなくても圧力がかかることになる。つまり、そういう圧力を実際に行使しなくても、さらにいうと存在しなくても、そういう恐れがあると思わせるだけで、ビビりでヘタレの日本人には散々圧力をかけることができるわけです。

まぁ、こういういろんなプレイヤーたちの思惑がすべて複雑に重なりあった結果、マスコミでも構造改革を「善」とする論調が圧倒的に優勢になっていく。マスコミがそうなったら、それに操られるようにして世論においても改革必要論は大きな支持を受けるようになる。そうなれば、世論に媚びを売る票が欲しい政治家たちは、何の定見もなく構造改革は良いことだ、なんて叫び出したりする。

実際、「ポピュリスト」と呼ばれる小泉進次郎氏はもちろん、橋下徹氏や小池百合子東京都知事などはみんな、構造改革を叫んでますよね。菅さんだって河野太郎さんだって総裁選でずっと、「改革だ〜!」っていってたでしょ。でもあれは、確たる信念があっていってるわけじゃなくて、ただ単に世論になびいて「改革やるんダ〜!」なんてエエカッコしいでいってるだけなんですよ。ホント、情けない話です(苦笑)。

構造改革を仕掛けてがっぽり稼ぐ「政商」たち

藤井　政府与党を中心に、ここまで構造改革がいともたやすく推進される状況ができあがっていれば、この状況を利用してカネ儲けをたくらむ「政商」が出てきても不思議ではありません。政商とは、政治を利用してカネを儲ける商人のことです。改めて申し上げると、小泉政権のころから重用されている慶應大学名誉教授で人材派遣業大手パソナグループの取締役会長を務めている竹中平蔵氏は、そんな政商の代表的人物と目されているわけです。

竹中さんは産業競争力会議のメンバーに任命されて、その会議の中でさまざまな公的インフラの運営の民営化を主張し続けてきました。たとえば第2次安倍内閣がスタートして間もない２０１３年４月３日に開催された産業競争力会議で、空港６件、下水道６件、有料道路１件、水道６件の民営化を「数値目標」として提案しています。そして、２０１８年に浜松市は全国で初めて下水道を民営化しました。その仕事を請け負ったのが「浜松ウォーターシンフォニー」という会社ですが、この会社には竹中さんが社外取締役であるオリックス社も出資しています。

――あまりにも露骨ですね。

藤井　竹中さんは、「世界で一番ビジネスがしやすい環境」を創出することを目的に創設された「国家戦略特区」についての政府委員会（国家戦略特別区域諮問会議）の議員も務めています。国家戦略特区は、特定の地区で、さまざまな規制を特別に緩和することを通して、さまざまな構造改革の突破口を探ろうという制度で、政府委員会は、どの地区を特区にするのか、そこにはどういう業者の参入を認めるのか、という政府決定を支援する会議です。その会議は、東京都などで外国人による家事代行を解禁すると同時に、参入事業者の一つに、竹中さんが取締役会長を務めるパソナグループの子会社を選定しています。

さらに特区で手がける都市再開発の事業主体として、特区諮問会議は森ビルも選定しています。この森ビルの文化事業を担う「アカデミーヒルズ」の理事長であり、森記念財団の理事であり、そして同財団の都市戦略研究所の所長を務めるのが竹中さんです。おわかりのように、先の水道事業と全く同じで、自らが参加する政府の会議内においてビジネスを創出し、それを自らが関連する会社が受注する、という構図です。こうした竹中さんの振る舞いが「政商」の振る舞いだと批判されているわけですが、政治的権力を利用して私的なカネ儲けをしようとたくらんでいる事業家や企業グループは少なくないのです。

２０２０年、片山さつき元地方創生・規制改革担当相の発案による「改正国家戦略特区法」が施行され、「スーパーシティ型国家戦略特区」が創設されました。より大胆な規制緩和を行うと共に、ＡＩやビッグデータなど先端技術を活用して地域課題の解決や生活全般の利便性向上を図り、２０３０年までに「まるごと未来都市」の実現を目指すというプロジェクトで、竹中さんを座長に会議が進められてきました。

――いってみれば、政商たちの活躍の場がいよいよ拡大しているわけですね。

藤井　おっしゃる通りです。要するに、「特区」をつくって、いろんな法律を停止して、政商たちがやりたいことを何でもやらせてあげて、それを突破口に全国にそんな「改革」を拡げて、全国で政商たちがカネ儲けできるようにしていこう、っていう話です。

ちなみに、竹中さんは菅前総理とものすごく親しい。そもそも菅さんは、小泉内閣の総務相だった竹中さんを副大臣として支えたこともあるんですが、そのころから懇意にされているわけです。前政権の菅内閣のとき、安倍政権での未来投資会議に代わって「成長戦略会議」が設置されていましたが、その有識者メンバーとして採用されているのがやはり、竹中さんだったんですね。

それから、竹中さんと似たような構造改革論者のグローバリストで、元ゴールドマン・サックスの金融アナリストであるイギリス人のデービッド・アトキンソン氏という方も、有識者メンバーに選ばれています。菅内閣の改革政策では、この竹中さんとアトキンソンさんのお二人が象徴的存在ですね。

検討項目については基本的に未来投資会議を踏襲してるわけですが、この菅さんの成長戦略会議での議論はますます改革色が強くなっています。なんといっても安倍内閣時代には「投資」という言葉が入っていて、これが一応、積極財政とリンクしていたんですが、菅委員会ではその「投資」という言葉が丸ごとなくなったので、単なる改革検討会議になってしまっているんです。そんなわけで、そこでの議論を受けて、外資を含めたいろんな資本家が中小企業を買いやすくする規制緩和や、銀行による中小企業の売買なんかもやりやすくするような規制緩和が次々と決められてきました。

ホントにおぞましい話です。

労働者の４割を占める「非正規雇用」

――なかでも罪深いのは、規制緩和の名のもとに「非正規雇用」という不安定極まりない働き方を日本の社会に定着させたことです。どうして、こんなことになったのか。

調べてみると、非正規雇用が増大したのは、１９９９年に労働者派遣法が改正されて、派遣労働が原則自由化になってからです。そして、２００１年から小泉内閣が「聖域なき構造改革」と「不良債権処理」を強力に推し進め、２００３年には、企業がリストラすればするほど減税するという、とんでもない「改正産業活力再生特別措置法」を施行した。これによって企業は大量にリストラして、非正規雇用を増やすようになった。労働者派遣法にも次々と手を加え、２００４年には製造業に対する労働者の派遣を解禁。２００７年には自由化された業務すべての期間制限が３年に延長された。これらの規制緩和が、非正規雇用労働者の増加を加速させたのです。

さらに小泉政権下で打ち出された「集中改革プラン」によって、民間だけでなく役所まで率先して非正規雇用を増やすようになった。このプランを推進する中核を担ったのは総務省です。当時、総務大臣を務めていたのは、竹中平蔵さんですよ！

藤井　全国各地の自治体では、正規公務員の採用枠を減らしていく一方で、非正規公務員の数を激増させていくことになった。

俗にいう「公務員たたき」も、それに拍車をかけた。「公務員の数が多すぎる」「公務員は給与がものすごく高い」というのも、実はデマなんですよ。日本の公務員数が全労働人口に占める割合は、ＯＥＣＤ（経済協力開発機構）諸国で最も小さく、国民の所得（ＧＤＰ）との比較でみると、日本は公務員給与が最も小さい国なんです。しかしマスコミも世論も、何の根拠もなく、ただのイメージだけで、公務員を吊るし上げ、正規公務員の数を激減させることに手を貸した。公務員を派遣社員にすることで働く人の給料は下がり、デフレはより深刻化した。そんななかで竹中さんが取締役会長を務めているパソナを筆頭に人材派遣会社は儲かったのです。

――恐ろしいカラクリですね。にもかかわらず事態は改善されるどころか、総務省の「労働力調査」によるとコロナ前の２０１９年には、日本の労働者６７２４万人のうち、役員を除く雇用者の38・2％に当たる2165万人が、契約社員や派遣社員、非常勤の従業員や非正規雇用の公務員などの「非正規雇用」労働者だった。実に、非正規雇用の人が労働人口の約4割にまで迫る勢いになったのです。そして、その多くがコロナ禍で苦境に立たされ、厚労省の集計では2021年10月8日時点で少なくとも5万4152人が解雇されている。

藤井　非正規雇用の問題は、企業の経営環境が悪化したときに率先して切り捨てられるだけでなく、どれだけ長く働いて熟練しても賃金は上がらないということです。なおかつ最初から低賃金で雇われることが多い。非正規雇用者の年収は、100万円未満と100万円台が圧倒的に多く、彼らはアンダークラスとかワーキングプアとか下流とか呼ばれて、コロナ禍になる前から窮乏していたんですよ。

――非正規雇用者の多くは経済的な余力がなくて、子どもはおろか結婚さえあきらめているそうです。今や、結婚は贅沢品だ、という若者もいるんですよ。

藤井　ひどい話ですねぇ……そもそも日本の少子化の原因は、よくいわれているような「既婚女性が産む子どもの数が減っているから」ではなくて、非婚化が進んでいるからです。たとえば50歳男性の場合、1970年はわずかに1・7％だった未婚率が、今は25％にまで上昇している。結婚しなくなった最大の原因は、いうまでもなく所得水準の低下が最大の原因です。

資本家たちが世界を不況に陥れた

藤井　日本だけでなく、世界の主要国もたとえば成長著しい中国と比べれば、コロナ不況の遥か前から、長い不況状態にさらされているんです。これは１９７０年代からアメリカをはじめとする先進諸国が、「新自由主義」のもとに、あらゆる規制を取り払うグローバル化を推し進めてきたからです。ちょっとややこしい話になりますが、理解を深めるためにお話ししておきますね。

「新自由主義」とは簡単にいうと、政府による市場への介入を最小限にし、経済活動をできるだけ自由にすべきだという考え方で、「規制緩和」「自由化」「民営化」、さらには「グローバル化」といった政策を推進します。

――日本では、小泉元総理と竹中平蔵さんがやり始めた一連の政策ですね。

藤井　そうですそうです、端的にいえば、竹中さんや小泉さんがやったことが、新自由主義政策ですね。新自由主義的グローバル化を展開すると、何が起こるか。まず、経済が不安定化します。金融経済で、急激なおカネの集中と散逸が起こります。国境の壁があれば、おカネの流れはある程度制限されてさほど動きませんが、国境が低くなるとあちこちに行ったり来たりする。この「グローバルマネー」が暴れ出すと、「おいしい投資先」に世界中からおカネが集まり、バブルが膨らんでいくのです。

ところが、投資先で問題が起こったり、ほかにおいしい投資先が出てきたりすると、おカネはすぐに移動します。どこかに飛んでいってバブルが崩壊するわけです。97年の「アジア通貨危機」(タイからアジア各国に派生した自国通貨の暴落による経済危機)は、その一例です。また、景気とは関係なく、日本国内で株価が上がっている場合、大きな理由はグローバルマネーが集中した結果だということもできます。

――まさに「今だけ、カネだけ、自分だけ」の亡者の世界ですね。

藤井　さらにグローバル化の進展は、実体経済にも大きく影響します。モノやサービスを売り買いする企業が国境を越えて行き来すれば、グローバル企業がどんどん国内に流入してくるようになる。そうなると、生産量が増大します。

ところが、人間は1日3食、大食漢でもせいぜい5食くらいしか食べられないでしょう。需要は一定程度しか増えません。なのに、供給は1日10食20食というふうに米国並みに増えていくと、供給と需要の差が拡大し、供給に需要が追いつかない状態が続いて慢性的なデフレに陥ります。しかもグローバル企業が大量に流入すると、国内の会社がどんどん潰れていって、人々は失業し、賃金も下がっていきます。そうなるとますます需要が減ります。つまりグローバル企業の流入は、需要を引き下げ、供給を引き上げることになって、ますますデフレがひどくなっていくわけです。

そして、いうまでもありませんが、格差が拡大します。グローバル企業のせいで国内の会社がいっぱい貧乏になっていき、いっぱい潰れていくんですから。グローバル経済が進むにつれて、大企業と中小企業の格差、グローバル企業と地域企業の格差が拡大する。グローバル企業の内部でも、資本家と労働者の格差がどんどん広がっていく。国家間の格差も拡大します。

たとえばアフリカの国々がますます貧困化しているのは、こうしたグローバル企業がいろんな国で暴れ倒している、という背景もあるんです。そういう状況は、新自由主義の必然の帰結なんです。

――なぜ、そんな愚かな経済思想が世界でもてはやされてきたのですか？

藤井　いろいろ理由がありますが、やはり最大の理由は、世界中の政治のなかでお金持ちや大企業の影響力が強くなったからでしょうね。彼らはもっとカネを儲けたいから、競争を激化させる新自由主義の普及を望むわけです。

そういう金持ち連中に対決できるのは各国の政治家なんですが、彼らの質が下がってきたというのも大きな問題です。そもそも多くの政治家は大学で勉強しているわけですが、金持ち連中が大学の経済学部にカネを出しまくって教授たちを手なずけ、金持ちにとって都合の良い新自由主義を「これこそ正しい教えなのである！」なんて形で、宗教のように学生たちに吹き込んでいくよう仕向けたんですよ。今の多くの政治家はそんな宗教みたいな新自由主義を散々吹き込まれながら大人になって、政治や行政をやり始めるものだから、みんなが新自由主義をやるようになっちゃったわけです。

その結果、各国の労働者や中小企業の経営者たちが搾取され続ける、っていう残念な状況が21世紀に入ってからめちゃくちゃ加速し続けているんですよ。ホントにひどい状況です。

時代遅れの「新自由主義」

藤井　ただ、あまりにもひどい状況が続くものだから、各国の庶民は今、急速に、グローバル化に反対、反発の声を上げるようになってきています。アメリカでは多国籍企業優遇主義への反乱という形で「米国第一主義（アメリカ・ファースト）」「保護主義」を掲げたトランプ大統領が生まれました。その後生まれたバイデン大統領も、コロナ不況に打ち勝つために、トランプ大統領と同規模の400兆円もの財源を組んで、国内の雇用の確保と産業維持のための政策を打っています。フランスではエリート・グローバリストの支配階級への反撃として「黄色いベスト運動」が起こり、イギリスでは移民政策に対する反発を中心としてEUの離脱が起こったのです。

――EUは、グローバリズムが実現したユートピア的な世界だと報じられていましたけど、現実は理想郷どころか、弱肉強食の世界だったわけですね。

藤井　そうそう、まさにおっしゃる通り。単なる新自由主義のグローバリズムの申し子、それがEUなわけで、イギリス人がそれに対してNOを突きつけて離脱したっていうわけです。そもそもEUに入ったら、共通通貨ユーロを受け入れないといけなくなるのですが、そうするためには関税自主権や対ユーロ諸国の為替レートの変動という特権を手放すことになるんです。その結果、ユーロ加盟国は外国から輸出攻勢を受けた場合に、関税で自国企業を保護することも、為替レートの引き下げで自国企業を保護することもできなくなってしまう。EUなんて、各国にとって何もいいもんじゃないんです。だって、経済に関する主権を失っちゃうんですから。

いずれにしても、得をするのは資本家であり、大企業のオーナーたちであって、割を食うのは「弱者」です。バブル期あるいは経済成長期は需要が大きいので、他の仕事で食べていくことができますが、バブルが崩壊して不況になると、需要が激減します。結果、「弱者」の雇用環境は悲惨な状況になる。いいですか、ここでいう「弱者」とは、ほとんどの国民のことですよ。資本家や大企業のオーナーなど富裕層以外の国民です。だから、デフレ不況のなかでグローバル化を進めるなど言語道断なんです。

新自由主義というのは一言でいえば、多国籍企業、世界的大企業優先主義です。これが、はびこりすぎて、世界は大企業たちに国民の利益が吸い取られているような状態なんです。この勢いが加速すれば、多国籍企業が国家を凌駕してしまいます。前にもいいましたが、今や多国籍企業がマスコミを操り、政界を操るというのが先進国のスタンダードになりつつあるんですよ。

それにもかかわらず、今なお多くの日本の政治家、官僚、経済学者たちは、「グローバル化以外に成長の道はない」と叫び続けて、まるでグローバリズムの先にバラ色の未来があるような話をする。自民党の幹部連中のほとんどはそんなのばっかり。ＴＰＰを進めているのもそう考えているからでしょう。いまだに、新自由主義が新しいと思っているんですね。まるで古いカセットテープで聴くような演歌を、最新の音楽だと思って聴いているわけです。

――ハハハ。って笑ってる場合じゃないですね。

知らぬ間に進む日本のグローバル化

藤井　反グローバリズムの流れが出てきたヨーロッパでは、反緊縮財政の動きがいろいろな国で始まっています。先に述べたように、グローバリズムと緊縮財政は双子の関係ですから、逆説的に反グローバリズムは反緊縮と共に生まれます。グローバリズムに疲れた国民は、グローバリズムはおかしいんじゃないかといい、緊縮財政はおかしいんじゃないかともいうようになるわけです。そして、反緊縮に成功した国は軒並み財政を改善していきます。要するに、積極財政を展開することによって、財政を改善していく現象がさまざまな国で見られるようになっていくのです。

とくに２０２０年にコロナ禍が世界中に拡大してから、グローバリズムとは正反対の「外国人の入国制限」を設けると同時に、欧米各国を中心に異次元の超積極財政を展開している。これを通してコロナ禍による経済被害を回避するのみならず、コロナが完全に終息する前の段階から力強く成長できる状況をつくり出している。

ところが、日本は、いまだに「グローバリズム&緊縮財政」という構造なんですよ。菅内閣はずっと、国民に緊急事態宣言で自粛を要請しておきながら、外国人の入国規制は早め早めに緩和していったくらいですから。世界はグローバリズム疲れで、こんなものを受け入れていたら僕らは死んでしまうやんか！　と撥ねのけて、必然的に反グローバリズムと反緊縮の流れが生まれているんですけれど、日本の場合は疲れていないというか、感じてないというか……。

前に会社員の賃金が激減しているというデータをお見せしましたが、図表14をご覧ください。

これは、1985年以降の「世帯所得の推移」です。政府が公表しているものをベースに、僕の研究室で物価水準も加味して実質所得のグラフにしてみたんですけど、1996年の平均所得は689万円あったんです。今の物価水準とほぼ同じだった場合の実質所得で、それも平均ですよ。ところがだんだん減ってきて、2017年には

[図表14] 世帯所得の推移

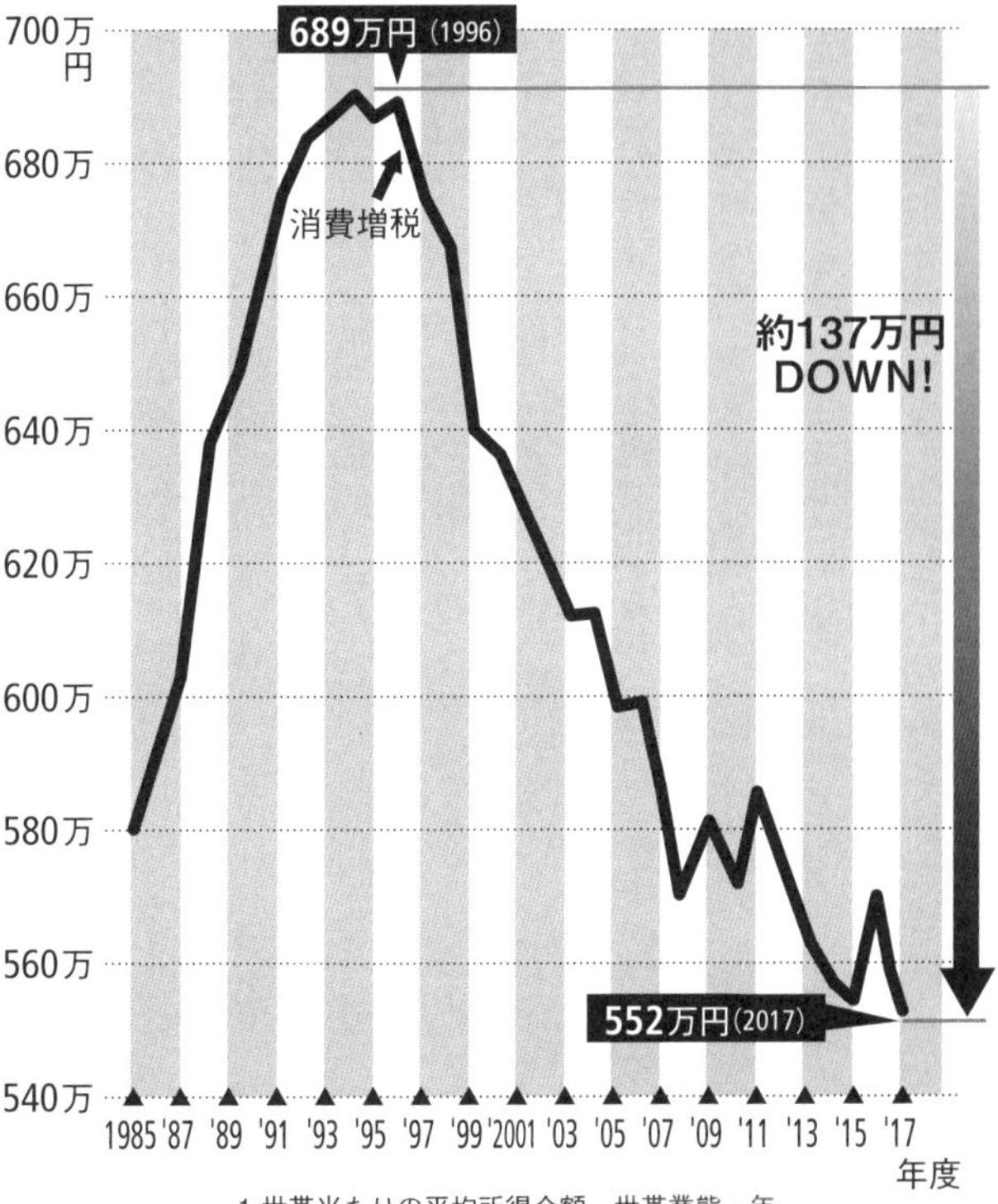

1世帯当たりの平均所得金額、世帯業態・年次別の報告値を消費者物価指数（持家の帰属家賃を除く総合指数）で調整した実質値

出所／厚生労働省「国民生活基礎調査」

552万円と、137万円も減っているんです。今はコロナ禍で疲弊している人がたくさんいるでしょうけど、2017年にはすでに平均で137万円減収ですから、とっくに疲れていていいはずなんですよ。

ほとんどのマスコミが本当のことを報道していないという関係もありますが、なんか「ゆでガエル」みたいな状況になっている。

——危機に気づかず、知らず知らずのうちに、ゆで上がって死んでしまう……。私もついこの前まで、ゆでガエルでしたけど。

藤井　知らない間に死に追いやられる——というのは、決して大袈裟ではありませんよ。実際のところ、日本にはグローバリズムの嵐が吹き荒れているんですから。

たとえば、公共インフラを民営化すれば、政府支出を削ることができるだろうという緊縮財政の考え方から、仙台、高松、福岡、熊本、新千歳、広島などの空港が次々と民営化されている。2016年に民営化された関西空港が、18年の台風21号による高潮で浸水し、復旧が遅れたのはご存知でしょう。なぜ高潮に対応できなかったかというと、民営化するということは市場で競争することであり、市場で競争するとは値段が安いほうが勝つということであり、値段を安くするというのは防災・減災のような長期的投資に時間とおカネを十分にかけられないことを意味するからです。

だから公共インフラを民営化すればするほど、防災・減災投資はどんどんカットされていく。さらに関西空港のケースでは、浸水してからしばらく何も対策が行われなかった。原因は、空港の株を持っている日本企業とフランス企業の意見が食い違って、対応方針が定められなかったからです。このようなことは政府が運営していれば絶対に起きなかったはずです。

にもかかわらず、今も民営化を議論している空港がある。やめようか、という議論が全く出てこない。なぜこんなことになっているのかというと、国内の多国籍企業が自分たちに有利になるよう政治家へ働きかけるロビー活動を徹底的に進めていますし、政府の会議にも入り込んでいますし、国外の多国籍企業の意向を受けたアメリカなどの政府活動も盛んだからです。そういう勢力が確実に私たちの生活に関わるありとあらゆる分野で民営化、自由化を押し進めているのです。

日本の暮らしを揺るがす「移民」自由化

藤井　安倍内閣が進めた自由化路線のなかでもとりわけ甚大な問題を引き起こすだろ

うと思われるのが、「移民」自由化です。これまでの日本には「移民」に対してさまざまな規制があり、外国人が日本国内で働くことはなかなかできなかったのですが、2018年12月の改正出入国管理法の成立によって、外国人が日本国内でたやすく長期間労働することができるようになりました。

当時、官房長官だった菅さんに地元から、人材難で介護施設を開けない、という訴えが寄せられたことがきっかけだったといわれていますが、介護や産業機械製造業、建設、自動車整備、宿泊、農業、漁業、外食業など14業種の分野で、これまで認められていなかった、いわゆる「単純労働者」としての外国人の受け入れも可能になったのです。

安倍総理は「労働力の受け入れであって、移民政策ではない」と断言し、菅官房長官も「いわゆる移民の受け入れには当たらない」と強弁していました。しかし国際的には通常、1年以上の労働で外国に住む人々のことを「移民」といってますから、誰がなんといおうが、これは実質的に移民についての規制緩和であり、移民自由化です。

事実、政府は、この法改正によって5年間で最大34万5150人の外国人移民を受け入れることとなると説明していましたし、特定の基準を満たせば5年を超えて日本で働き続けることもできるようになった。つまり、この規制緩和によって、永住できる移民の枠が一気に拡大したわけです。

菅内閣になってもこの路線はさらに拡大されて、コロナで入国制限を厳しくしようとしているときでも、いち早く財界が望む外国人労働者の入国は許可してしまった、っていうのはさきほど触れた通りです。その結果、デルタ株やらラムダ株やらが入ってきて日本中が大混乱に陥ったわけですが、そんなこと知ったこっちゃない、ってことになってるわけですね。

――もう、しっちゃかめっちゃかですね……でも、ホント、ここ数年であっという間に居酒屋やコンビニ、工事現場などで外国人労働者をたくさん見かけるようになりましたよね。農業にしても漁業にしても、今や多くの外国人労働者に支えられていますが、日本は人手不足だからしょうがないところもあるんじゃないですか。

藤井　もちろん、人手不足で悩む業界では歓迎されている面はあります。しかしその一方、外国人労働者が増えることで、日本人労働者の賃金が上がらず、低いままに押し止めておく圧力がかかっていることは間違いありません。賃金が上がらないということは経営者にとってはうれしいことですが、労働者、つまり大多数の国民にとっては大問題です。

――外国人労働者は低賃金で働いてくれるから雇っている、というようなブラック企業も多いと思います。あまりにも安い賃金や劣悪な労働環境に耐えきれなくて失踪している外国人労働者も少なくないと聞きました。今回のコロナショックでも、いち早くクビを切られた外国人労働者が多かった。人手不足のときは甘いことをいって呼び込んでおいて、人手が要らなくなったらすぐクビにするって、むごい話ですよね。

藤井　それも大問題だと思いますが、問題はそれだけではありません。ドイツに住んでいる友人が教えてくれたのですが、ドイツは移民をものすごく受け入れていて、ドイツのなかにほとんどドイツじゃないような地域ができているそうです。移民の人々が自分たちでコミュニティーをつくって、ドイツの国内法なんて知らないよ、みたいな感じで暮らしている。イギリスのロンドンでは、白人以外がすでに55%を占めている。住民の3割ぐらい移民が増えるだけで、学校では中国語やアラビア語など4カ国語くらいで教えなくてはいけない。

しかも文化も風習も生活スタイルも違うから、移民が増えてくれば日本だって混乱しないはずがない。近隣の日本人住民との間でトラブルが起これば、それを解消するために、さまざまな金銭的、時間的、精神的な負担や、膨大な社会的、行政的コストの支払いが必要になります。外国の方の基本的人権を守ることはもちろん賛成です。けれど、日本の国の混乱も大問題だと思います。事実、移民を大量に受け入れ続けた欧米では、それに対する国民的反発が拡大し、深刻な社会問題に至っています。

まだ日本は、欧米に比べて移民の絶対数が限られてはいますが、「毎年の受け入れ数」は、OECD加盟38カ国ではすでにドイツ、アメリカ、イギリスに次いで世界第4位に達している。

――世界第4位なんですか！

藤井 このまま移民の自由化路線が大きな歯止めもなく進められれば、早晩、欧米のような深刻な混乱が生ずるのは必至だと思います。

営利企業に有利な水道民営化

藤井 アベノミクスの一環として、電力自由化やガス自由化、水道民営化など国民の生活の基本を支える公的事業の自由化・民営化も精力的に進められましたが、とりわけ物議を醸したのが、2018年に成立した改正水道法による水道事業の民営化です。

それまで国鉄、たばこ、電話、郵政などのいわゆる「3公社5現業」のほとんどが相次いで民営化されてきたなかで、水道は民営化されていなかった公的事業の一つだったからです。

水道の民営化には、「コンセッション方式」が採用されました。これは、水道の資産そのものは政府が保有したまま、運営を民間に委ねるというものです。住民は水道料金を企業に支払うことになり、資金調達や財務、人事、業者への発注など水道に関わる権限がすべて企業に移ります。一方、施設は自治体が所有するため、災害時に水道管が破損するなどの何か問題が起きたときの修復や後始末は、自治体が解決することになっています。

――民間企業は、いいとこ取りですね。

藤井　まさにその通り。コンセッション方式はこれまで空港や鉄道、高速道路などで盛んに採用されてきましたが、水道でこのコンセッション方式が用いられなかったのは、人間に必要不可欠な「水」を「カネ儲けの道具」にすることがはばかられてきたからです。ところが、最近の政府はそんなことはお構いなし。日本の水道事業は、人口減少に伴う料金収入の減少や水道管の老朽化などの問題を抱えています。水道管が老朽化しているなら、政府が建設国債でおカネを調達し、新しい水道管に交換していけば済む話ですが、ケチな政府は水道のメンテナンスにおカネを一切使いたくない。だから民営化しよう、外資もOKですよ、と。

前述のように浜松市の下水道民営化に竹中平蔵氏が社外取締役であるオリックス社が絡んでいたほか、「水メジャー」と呼ばれるグローバル企業であるフランスのヴェオリア・ウォーターも出資していますが、ヴェオリア社の日本法人の職員が内閣府の民営化を促進する部署に出向しているという点が、国会で批判されたこともあります。

水道民営化推進派がよく口にするのは、「行政が行う水道事業には緊張感がないから無駄が多い。だから緊張感を持たせるために民間企業の活力を活用しよう」という理屈です。しかし、水道の民営化には大きなリスクがある。すでに諸外国では、水道民営化の結果、水道料金が跳ね上がっているという事例が数多く報告されています。

たとえばフィリピンのマニラでは、1997年に水道事業が民営化されましたが、アメリカのベクテル社などが参入して、水道料金が4～5倍にも急騰しました。ボリビアでも2000年に水道事業を民営化したところ、やはりベクテル社が参入し、水道料金が一気に2倍以上に引き上げられています。

日本の利益が外資に吸い取られる

――日本の場合は、どうなっていくんですか？

藤井　コンセッション方式を採用する際に、自治体は価格の上限を設定して、それ以上高くならないように規制できることになっていますが、それだけでは安心できません。そんなものは、いつ反故にされるかわかったもんじゃない。というのも、水道はその地域を一社が独占できるため、値上げ交渉においては企業側が圧倒的に有利だからです。

そもそも水道事業に参入するような民間企業、たとえばアメリカのベクテル社やフランスのヴェオリア・ウォーター、スエズ・エンバイロメントなどは、「市民の生活の維持改善」を目標とする組織ではなくて、「利益の最大化」を目指す純然たる民間企業なんですから、料金をできるだけ高くして、余分な出費をともなうサービスをできる限り抑えようとするでしょう。事実、諸外国ではそういう事例がたくさんあるのです。

――電力も自由化が進んでいますが、同じようなリスクがあるということですね？

藤井　電力自由化には、ほかにも心配な点があります。自由化すれば、電力をいろんな企業が売り出す。そうなると東電とか関電とか既存の大手電力会社は、なんとかマーケットを奪われないように値段を引き下げようとする。そうなると、防災とか老朽化対策とかのための設備投資が当然、縮小されてしまう。その結果、「停電」の頻度や故障だとか事故だとかが増えてきて、かえって電力会社の出費が膨れ上がり、そのうち電力価格も高騰していく、っていう事態が起こる。つまり、政府が短期的なメリットと引き換えに、将来への巨大な禍根をもたらしたともいえます。

しかも自由化で参入する企業が「外国」の企業なら、私たちが支払う料金の多くが、外国に「流出」するのです。こうなると、日本はますます貧乏になるでしょう。

外資による日本経済への悪影響についていえば、「ＩＲ（統合型リゾート）推進法」、いわゆる「カジノ法」による海外のカジノ企業の国内投資解禁も、日本人の所得の吸い上げを加速するものです。

――カジノをつくるノウハウが日本企業にはないのだから外資に頼らざるを得ない。菅前総理をはじめＩＲ推進に熱心な議員は少なくないようですけど、秋元司議員の逮捕で浮き彫りになったＩＲ汚職や、マネーロンダリング、ギャンブル依存症など問題は山積みですよね。

藤井　もちろんそういう問題もありますけど、そもそも政治家がＩＲを推進しようなんてどうかしてます。普通なら、博打で経済成長しようなんて何流国やねん！　恥を知れーっ！　って思いますよね。

政府はもう農家を守らない

藤井　いろいろお話ししてきましたが、こういう話はまだまだあります。安倍政権は「世界で一番ビジネスがしやすい国」を目標に掲げて、農業に関しても自由化を進め、競争原理を導入し、「稼げる農業」を目指して、さまざまな改革を推進しました。そこで当時、「内閣人事局」における官僚の人事権を振りかざして、農協改革や農業自由化の指揮をとったのが、官房長官だった菅さんです。

――菅さんは秋田の農家の出身で、「地方を元気にしたい。そのためには一定の所得を上げられる農業にすることが大事だ」と力説なさってましたよね？

藤井　口ではそういってたんですが、やってることはその正反対。彼はまず、農協（ＪＡ）を解体してますからね。

２０１５年の「農協法改正」によって、わかりやすくいえば、「地域の農業を日本全体で協力しながら守っていく」という趣旨で運営されていた農協という組織が、「好き勝手な農業ビジネスを各地で展開しやすくするためのプラットホーム」に大改革された。結果として、消費者が農産物のために支払ったおカネは、これまでは各地の農家に注ぎ込まれていたのが、これからはその多くが外国企業を含めた民間企業や各企業の株主たちに流出していく仕組みとなってしまったわけです。そうなればもちろん、各地の農家は収入が減り、廃業に追い込まれるケースが拡大していくことは間違いありません。

——だったら地方が元気になるどころか、弱っていくじゃないですか！ ただでさえ後継者がいなくて廃業する農家が多いのに……。余力のない農家は、外国企業の食い物にされかねないんじゃないですか？

藤井 もちろん各地の農業に参画した企業や資本家たちは、「利益の最大化」を目指します。だから各地の農業は、儲けることができる限りは拡大していくものの、儲からなければ衰退し、消滅していくこととなるでしょう。全世界的に見れば、農業というのは「儲からない」ビジネスであることが常識なんですよ。だから、農家が生きていけるために、日本の何倍もの水準の手厚い政府支援が投入されているんです。

図表15をご覧ください。棒グラフは「農業産出額に占める農業に対する政府支出の割合」を示しています。その割合は、日本は27%ですが、イギリスやフランス、スイス、アメリカでは、日本よりも圧倒的に高い。スイスやアメリカは日本のざっと2倍から2・5倍もの手厚い政府支援を受けています。また、同図表の折れ線グラフは各国の食料自給率を示していますが、アメリカの食料自給率は100%を超えている。アメリカの農業の国際競争力は極めて高いわけです。競争力が低ければ、輸入品に押されて自給率が瞬く間に低下しますから。つまり、アメリカの高い競争力は農家の実力だけで確保されているのではありません。農産品の売上額の65%にも及ぶ莫大な政府資金が農業に注入されているからこその、国際競争力の高さなのです。

——一方で日本の農家は、諸外国よりも圧倒的に少ない政府支援の下で、国際競争を強いられているということですね。

藤井　そんな格差があるなかでの自由貿易の推進は、日本の農家の所得低下と廃業リスクの増大を導き、食料自給率のさらなる低下を導くほかない。それにもかかわらず、政府はTPPや日欧EPA（日本・EU経済連携協定）、日米FTA（日米自由貿易協定）といった自由貿易を徹底的に推進しているのです。

[図表15] 各国の「食料自給率」と「農業産出額に占める農業に対する政府支出の割合」

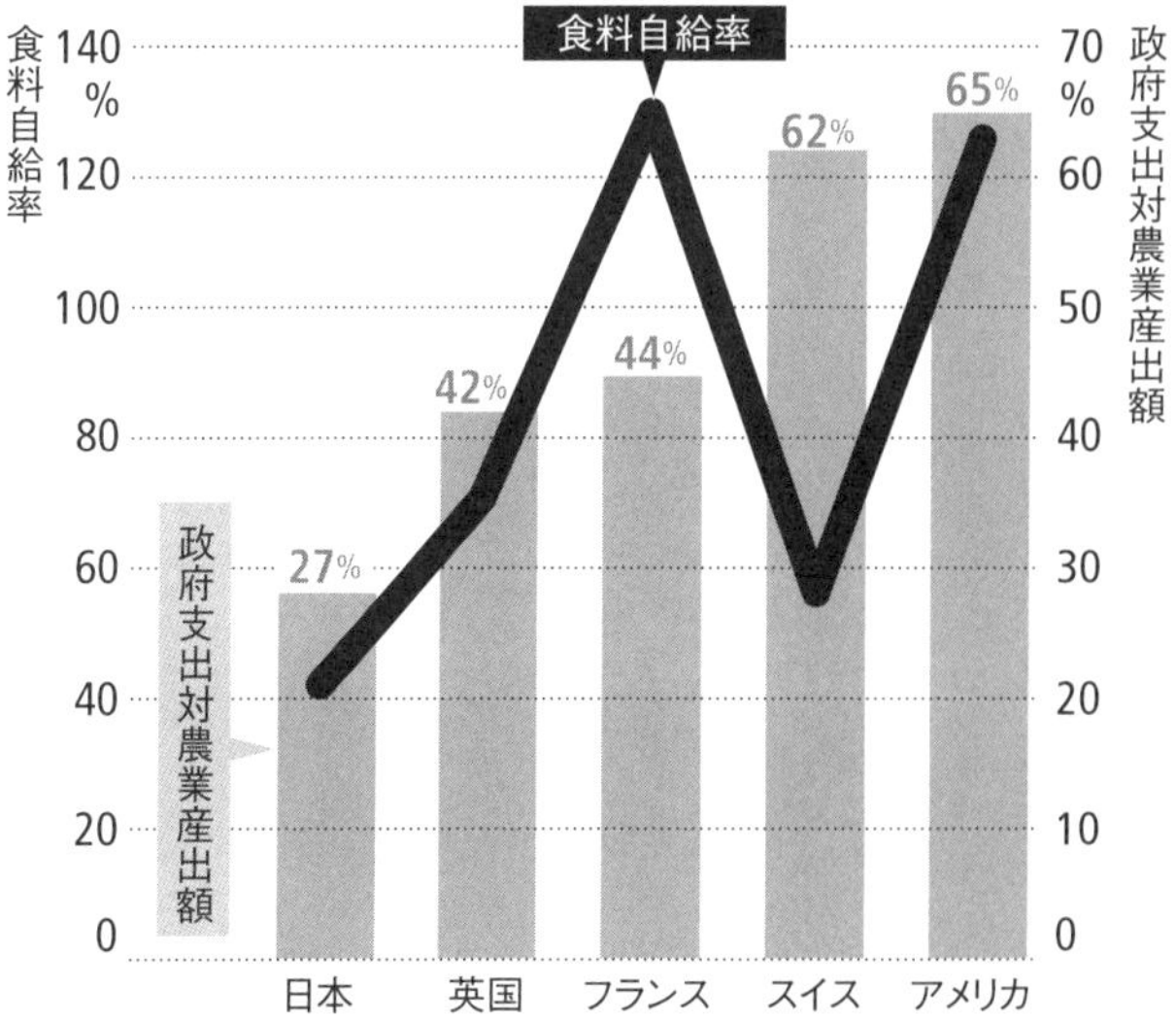

出典／政府支出対農業産出額：『よくわかるTPP 48のまちがい』
（鈴木宣弘・木下順子著、農文協、2011.12）
食料自給率：農林水産省ホームページ

日本人の胃袋が外国に乗っ取られる

藤井　政府は、「種子法の廃止」という驚くべき改革も行っています。「種子法」は、コメを中心とした重要な農作物の種子の開発や維持、管理、そしてその普及を都道府県に義務づけた法律です。各自治体は、この法律に基づいて、政府事業として種子の保存や開発を行ってきた。種子の開発と生産は、手間と時間と費用がかかります。しかし、この「種子法」のおかげで、各地の農家は高い品質の種子を、安い価格で入手することが可能だったんです。

ところが、政府はこの種子法が民間企業の「種子マーケット」参入への障壁になっていると考えて、２０１７年４月14日、衆参両院合わせてわずか12時間の審議だけで、種子法の撤廃を決定した。結果的に農家は、民間企業が販売する質の悪い種子を高い金額で買わざるを得なくなっていく。種子マーケットに参入できる企業は国内企業だけではありません。むしろ、種子マーケットにはグローバル企業の方が圧倒的に多い。世界の種子企業トップ10のなかで、日本企業はタキイという1社がかろうじて10位に入っているだけです。だから、「種子法の廃止」による「種子マーケットの自由化」にともなって、種苗業界最大手のアメリカのモンサント社（現バイエル社）など外国企業が日本に本格的に参入してくる可能性は非常に高い。

――モンサント社って、環境活動家たちに「モンサタン（悪魔のモンサント）」と批判されている会社でしょう。あのベトナム戦争で使われた枯葉剤を製造していたんですよね。グローバル化に野心を燃やすモンサント社は、自社が特許を持つグリホサート農薬「ラウンドアップ」だけに耐性のある遺伝子組み換え種子を開発して、農薬と種子をセットで世界に売り出した。「ラウンドアップ」は雑草がしっかり枯れるために瞬く間に人気を呼び、遺伝子組み換え大豆とともに爆発的に売れたといいます。でも、グリホサートの健康リスクが指摘されて、２０１８年には除草剤「ラウンドアップ」が原因でガンになったと訴えたアメリカ人が裁判に勝って話題になりました。

世界の多くの国でこの除草剤の販売は規制されるようになったのですが、信じられないことに、日本政府は農産物のグリホサート残留基準値（人が摂取しても安全と評価した量の範囲）を大幅に緩和したんですよ。そのおかげで、「ラウンドアップ」は今も複数の会社から複数の異なる商品名で普通にホームセンターで売られているし、テレビで宣伝もされ、ネットでも販売されています。

藤井　情けないことに、一国で自主防衛ができない日本は、まさかのときに日本を守ってくれるだろうという淡い期待を抱いて、アメリカが望むことをすべて、ときには自ら忖度までして飲み続けているのです。つまり日本の農業の衰退は、「対米追従」という、戦後一貫して進められ、小泉政権以降スピードアップし、安倍政権下で一気に加速した外交方針の必然的な帰結として導かれているのです。

2020年12月2日に成立した「改正種苗法」も、その一つといえます。

——日本が開発した「あまおう」や「シャインマスカット」などのブランド果樹が外国で勝手に栽培されているので、それらの海外流出を防ぐために開発者の権利を保護する目的で改正された、と聞きましたけど？

藤井　表向きはそうです。もちろん、この改正種苗法によって利益が守られる農家があることは間違いありません。それは大変結構なことです。けれども今や、品種開発のシェアは日本はどんどん減っていて、アメリカや中国がものすごく増えているわけですよ。だから開発者の権利を守るとなったら、結局は日本人よりも外国の大企業の権利が守られるようになっていくのは必然ですよね。そうなると、日本の農家は多くの種苗を買わなくてはならなくなり、開発者は何もしなくてもおカネががっぽがっぽ儲かる。インドネシアとかタイとかアジアの国々ではもうすでにそうなっています。

――おカネの問題だけではないですよね。どんな種苗が入ってくるかわからないし、政府が安全を守ってくれるとは期待できないし。

藤井　日本のマスコミはあまり報道しませんが、世界では遺伝子組み換え作物のさまざまな健康被害が確認されています。野心家のモンサント社は、「種をつくらない植物の種」を遺伝子操作で開発し、販売しているんですよ。そんな種を買ったら、育てても種はできないから、毎年毎年、種を買わないといけなくなります。賢い商売ですよね。いったんモンサント社の種を買った農家は半永久的に買い続けなければならなくなる、という算段です。

ただでさえ、日本の食糧自給率は低いのに、これからは「種子法の廃止」と「改正種苗法」のおかげで、国産の農作物すら、その種は外国産ということになっていく。いってみれば、これからは、日本人の胃袋は外国人のカネ儲けのための道具として活用されていくことになるわけです。

――ゲーッ！　知らなかったではもう済まされない。これ以上、ボーッとしていたら大変なことになる！

グローバリズムで国民はますます貧しくなる

藤井　内閣官房参与時代、安倍総理には何度も新自由主義、改革路線は問題ですよ、と解説させていただいたんですが、残念ながら、その路線は安倍内閣において年を追うごとに加速していきました。なかでも典型的な取り組みが、日欧ＥＰＡやＴＰＰでした。

たとえば２０１９年に発効した日欧ＥＰＡでは、欧州における自動車の関税が段階的に引き下げられ、牛肉や日本酒の関税は撤廃された。財務省の貿易統計によると、２０１９年２～11月の輸出額は、自動車が前年同期比19％増加。牛肉が28％増、日本酒は５％増となった。でも、その一方で、豚肉や乳製品の関税は引き下げられ、関税が撤廃されたワインの輸入額は12％増加。ようやく世界ブランドにまで成長し始めた日本のワイン産業や国内の酪農、養豚業などは厳しい環境に立たされた。

つまり自由貿易協定というのは、お互いに関税などの自国産業を保護するための仕組みをなくしていくために、輸出の拡大と同時に輸入の拡大が危ぶまれるのです。こうした自由貿易協定を活用して、日本の農業も外国マーケットに打って出ればいいではないか、としばしばいわれますが、残念ながら、日本の農業は「貿易戦争」において極めて分が悪い。

――なぜなら、アメリカやイギリス、フランスなど諸外国の農業は政府から巨額の支援を受けているけれど、日本の農業に対する政府支援は圧倒的に少ないからですね。

藤井　そうです。さきほどお話しした通り、諸外国の半分、あるいはそれ以下の水準しかないからです。

一方で、農協改革、種子法の撤廃、種苗法の改正、水道の民営化、ＩＲカジノの解禁などは、いずれも日本に外国の大企業を呼び込むようなものばかり。いってしまえば、これらはすべて、「自動車の関税を引き下げたい」とかいうことと引き換えに、政府が先方に「差し出した」ものです。大して意味があるわけじゃないのに、どういうわけか経済産業省の役人たち、政治家たちは自動車の関税を引き下げたがっているんですよ。まぁ、そんなことのためにまさに今、「日本が売られている」状況に立ち至っているわけです。

そうこうしているうちにコロナがやってきて、こうした自由貿易協定の議論は一時棚上げになっていますが、少しでも落ち着けばすぐにまた、日米の自由貿易協定の話なんかが進んでいくでしょうね。ＥＵから離脱したイギリスが、ＴＰＰに加盟したいなんていう話も進んでいますから、ますますグローバル化が進んで、日本の国内産業が「たたき売り」されていくことになるでしょう。

こうした諸々の改革は、デフレを加速させ、日本国内の倒産や失業、賃金の下落やサービス劣化をもたらします。あくまでも中長期的な国民と国家全体の利益を見据えて、「是々非々」の態度で、各種規制について緩和すべきものは緩和し、強化すべきものは強化していかなくてはならないのですが、そういう是々非々の態度を、日本政府は全くとらないのです。ただただ単純に自由貿易を進めるだけ。そして、そのために国内産業を「たたき売り」するだけ。文字通り最悪です。

日本は外需に頼らなくてもいい「内需大国」

――グローバル化した世界がいかに脆いかを露呈したのが、新型コロナウイルスのパンデミックでした。日本のグローバル化がここまで進んでいなかったら、コロナは中国の武漢という地方の風土病に過ぎなかったかもしれない。コロナ以前はあんなに過熱していたインバウンドの外国人旅行客も、あっという間に消えてしまった。

藤井　それでも菅前総理は、地方活性化の切り札はインバウンドだとおっしゃって、

「2030年にインバウンド6000万人」の目標を掲げた。しかし、基本的に外国人観光客の落とすおカネを当てにして収入を増やそうというのは、「発展途上国型」の成長戦略なんですよ。じゃ、フランスはどうなんだ、という人がいるけれど、フランスは欧州一の農業大国であり、航空機や自動車産業も盛んで、観光は産業の一部なんです。観光を国家が推進する中心産業にしてはいけないんです。

そもそも、日本はインバウンド、インバウンドといっても、インバウンド需要は5兆円程度。どれくらいの規模かというと、消費税でいえば2・5%なんですよ。5兆円欲しいなら、2・5%消費減税して需要を増やせばいいだけの話！　あるいは、財政政策を行って景気を上向かせて消費を2・5%伸ばしてもいい。普通の先進国は年に2%ずつくらい伸びていますから、適正な対策をちょっと講じれば、あっという間に、その程度の成長はできる。国民の消費が穏やかに伸びてさえいけば、外国人が落とすおカネを当てにしなくていいのです。

ちなみに2019年、日本を訪れた中国人は1000万人近くに達しましたが、日本国内での旅行消費額は、1兆7718億円。同年の日本の名目GDPは554・5兆円ですから、わずか0・32%にすぎません。

――えーっ、たったそれだけ？　「爆買い」とかいっていたから、もっとおカネを使っているのかと思い込んでいました。なんにしても、このままグローバル化を推し進めるのは危険だと思いますが、「日本は輸出大国で外国に依存しているのだから、グローバル化から逃げられない」とも「国際競争力を高めてグローバル市場を勝ち抜かないと、日本は衰退する」ともいわれています。それなら、どうすればいいのですか？

藤井　「日本は輸出大国だ」と信じている人たちがいますが、それは完璧な間違い。OECDに加盟している各国の輸出依存度（GDPに対する輸出額の比率）は、OECD加盟国38カ国のうち、日本はおおよそ15％と、アメリカに次ぐ「内需大国」なのです。外国に依存しているというのは、なんとなくの思い込み、イメージでしかない。輸出依存度の低い内需大国であるにもかかわらず、長引くデフレ不況で内需が振るわず、消費も投資も縮小していますが、それでも内需大国なんですよ。

ところが、企業は中国の市場や生産能力への依存度を高めていった。自国で操業中の生産拠点をわざわざ外国に移転するのは、いうまでもなく、外国に工場を移すことで人件費を引き下げ、利益を拡大するためです。国内の雇用が失われ、国民がどれだけ貧しくなっても、国家を意識しないグローバリストにとっては痛くも痒くもない。

政府がグローバリズムに基づく企業優先の考えを改めない限り、国民の社会保障負担の引き上げ、さらには消費税増税など、家計を貧困化させる政策が、今後も続くことにならざるを得ません。グローバリズムに毒され、「政府の役割を小さくする」ことを「善」として構造を改革してきた国家のなれの果てが、現在の日本です。国内をないがしろにし、国外からのおカネに頼る浅はかな政策のツケが回ってきたんですよ。外需は、外国の事情でいともたやすく冷え込んでしまう。二度とこういった事態にならないよう、日本国民の需要、日本のマーケットで成長しなければならない。日本は、それが可能なんです。

「緊縮思想」の否定から始まる真の成長戦略

――真の成長戦略は、まずデフレ脱却ですね。

藤井　それしかありません。日本は今、規制を緩和したり関税を撤廃したりして自由貿易を促進するのではなく、政府の財政支出を拡大して、デフレを払拭することで本来の内需を取り戻すべきなんですよ。内需への強壮剤どころか、消費税という内需への毒薬を注入しているのですから、こんな惨めなことになるんです。

緊縮財政という宿痾《しゅくあ》から脱して、「国民を守る国境」を取り戻す。いいですか、「政府はカネを使うな！」といいながら、「国民の安全はしっかり守れ！」などというのは無茶な話ですよ。交通インフラを整備するにも、医療や介護サービスを充実させるにも、科学技術を振興するにも、安全な水道水や十分な電気を適正価格で提供し続けるにも、安全な食料を安定的に供給するにも、「政府の支出」が必要です。

――要は、政府が国債を発行して、国民の生命と暮らしを守るために必要十分な財政支出をするか否か、の問題ですね。

藤井　そうです。繰り返しますが、日本政府は自国通貨発行権を持ち、国債は100％日本円建てで、加えて政府が子会社の日本銀行に借金を返済する必要は事実上ありません。今の日本の状況で財政破綻することなどあり得ない、ということは小学生でも理解できるはずです。

そして今、日本を苦しめているデフレは、国民のモノやサービスの供給力に対して需要が足りない、つまり国民の消費や投資という支出が不足しているという経済現象です。要するに、困窮し、危機にさらされている国民を守るために、政府がおカネを支出すれば、デフレ脱却に近づくのです。

逆に、このまま規制緩和が進むと、政府は年金不安をあおって民間企業の年金保険にスイッチさせたり、「医療亡国にならないために先端医療の保険適用はしない」という理屈で、混合診療（患者申出療養）を推進して高額な自由診療が増え、医療までもが「ビジネス」と化していく。インバウンドにしてもそうですが、これらの根っこには、プライマリーバランス黒字化目標にとらわれた「緊縮思想」という、とんでもなく悪い思想がある。

緊縮思想とは一言でいえば、「政府が国民を見捨てる」ということなんですよ。1996年の橋本政権以降、日本では緊縮財政、つまりは「政府の予算を削る」ことが基本方針となった。「国の借金で破綻する」という荒唐無稽な財政破綻論が蔓延し、結果的に「政府はもはや国民を守るために予算を使うことはできない」となったわけです。国民のことを考えていないから、外国の人には来ていただいて、日本人には自粛していろ、などというのです。これについては次章で詳しく述べますが、国民のことを思っていない、ということを明らかにしたわけですから、国民は、政府に関わる人たちの内面を変えるか、緊縮思想に取り憑かれた人たちを別の誰かに変えるかしかない。それしか、私たちが救われる道はないと思います。

そこで最後に２０２１年10月に誕生した岸田政権について、一言お話ししておきたいと思います。実は、岸田さんは「新自由主義からの転換」を主張しながら総裁選を戦い、勝利したんです。岸田さんのこのご発言を字義通り受け取れば、この章でここまで論じてきた、国民をいたずらに貧困化させるグローバリズムの推進や、ただただ一般国民の利益を大企業に再分配させるような理不尽な各種の構造改革はやめて、一般国民を豊かにする経済システムをつくり上げるという、これまでの改革とは逆方向の改革が進められるはずです。

しかし、新自由主義の根幹にある「緊縮思想」からの脱却について、岸田さんの主張には曖昧なところもあり、どうなるかよくわからない、というのが正直な感想です。実際、総理になられて最初に行った国会での所信表明演説では、「新自由主義からの転換」という総裁選のときに多用されていたキーワードはすべて削除されています。岸田さんにはぜひ、総裁選で何度も主張した「新自由主義からの転換」を実現してもらいたいので、これからも岸田内閣の実際の行政をしっかりと見定めていき、必要に応じて支援したり批判したりする是々非々の態度が、私たちには必要だと思います。

終章

コロナを逆手に取って、みんなで金持ちになろう！

「インバウンド・マインド」の大きなツケ

――岸田新総理は、コロナ対策について、「岸田4本柱」を打ち出しています。その4本柱とは、①医療難民ゼロ②ステイホーム可能な経済対策③電子的ワクチン接種証明（ワクチンパスポート）の活用と検査の無料化・拡充④感染症有事対応の抜本的強化です。常に最悪を想定した危機管理を行うことを原則に、公衆衛生上の危機発生時に国・地方を通じた強い指揮権限を持つ「健康危機管理庁」を設置すると共に、予約不要な無料PCR検査所の拡大や野戦病院のような臨時の医療施設も開設するとおっしゃっています。聞いているだけでも心が明るくなります。それほど、これまでの政府のコロナ対策はひどかった。政府がこんなにも頼りなく、国民の思いとかけ離れた存在だったのかと驚いたのは、私だけではないと思いますけど。

藤井　僕は、悲憤慷慨していました。コロナ禍で大変な経済状況になっている今だからこそ、申し上げておきたい。新型コロナウイルスの感染拡大によって国内の需要がとんでもなく冷え込み、いろんなお店が潰れかけているし、実際に潰れている。失業者も増えている。この状況を最初につくったのは、政府の卑しい「インバウンド・マインド」が原因だと思います。

もともと２０１９年10月の10％消費税で経済がひどく落ち込んでいた。それは政府も十分にわかっていたはずなんです。政府は「景気は緩やかに回復している」といっていたけれど、これはヤバいな、もうすぐ中国の春節だからインバウンドで小銭を稼ぎたいよね、と思っていたんですよ。そんなところに、新型コロナウイルスのニュースが入ってきた。でも、コロナ対策よりインバウンドのほうが重要だった。

安倍総理（当時）は、北京の日本大使館のホームページでこんな祝辞を述べている。『日本で活躍されている華僑・華人の皆様、謹んで２０２０年の春節の御挨拶を申し上げます。……春節に際して、そしてまた、オリンピック・パラリンピック等の機会を通じて、更に多くの中国の皆様が訪日されることを楽しみにしています。』

この祝辞が掲載されたのは、２０２０年1月24日。1月15日には日本で最初の感染者が出ていたんですよ。23日には新型コロナウイルスが発生した武漢が封鎖され、24日の時点で、中国国内の新型コロナウイルスの感染者は１０００人近くに達していた。にもかかわらず、祝辞は1月30日まで掲載されていたんです。

――恐ろしいほどの危機感のなさですね。当時、入国制限をしていなかったために、1月31日から始まった北海道の「さっぽろ雪まつり」には、大勢の中国人観光客が訪れて、結果的に北海道で最初のクラスターが発生したわけですね。

藤井　そうです。しかも政府は、4月に予定されていた習近平中国国家主席の国賓待遇での来日にも非常に気を遣っていた。その結果、中国からの入国者を3月8日まで受け入れ続けていたのですが、そのせいで日本でコロナが流行することになったわけです。でも日本人に対しては、その2週間ほど前の時点（2月26日）で国内のイベントやスポーツ大会の自粛を要請したり、6日前（3月2日）には小中高の全国一律休校を要請したりしていた。

――要するに、中国人は自由に入国させて、日本人には自粛しろ、って要求していたんですね。最初からめちゃくちゃですね。

藤井　ポイントは何かというと、1月末から2月初旬は新型コロナウイルス感染症の水際対策を取れるかどうかの瀬戸際だったわけです。そのときにインバウンドよりも国民を守ることの方が大事だと思えば、少なくとも中国からの流入は止められたはず。台湾は2月上旬に入国制限して、台湾では少なくともそれから1年間もクラスター感染が起きずに済んだのですから。この点において、ものすごい政治責任がある。安倍総理から菅総理、岸田総理に代わろうとも、ここは私たちは絶対に忘れてはいけない。

そして繰り返しますが、間違った判断をした背景にあったのは、外国人観光客の落とすカネを当てにした観光立国を目指そうという、卑しい「インバウンド・マインド」なんですよ。

「ゼロコロナ」から「ウイズコロナ」へ

――新型コロナウイルスがどういうものかまだわからなかった当初は仕方ないにしても、1年半以上が経ってワクチン接種がそれなりに進む一方で、感染者が増えるたびに「緊急事態宣言」だの、「まん防（まん延防止等重点措置）」だの、宣言延長だのとあわてふためいている。政府はいったい何をやってきたのか。やることなすこと、行き当たりばったりにしか見えませんでした。

藤井　科学的データに基づく合理的な基準なんて、ほとんど何も設けていないからです。この前、感染症学の専門家である木村盛世先生と、新書『ゼロコロナという病』（産経セレクト）を出したのですが、その本にも書いたように「コロナはとにかく怖い！だから自粛して乗り越えるのだ」という世論の空気や気分によって、緊急事態宣言やまん防を出してきたわけです。それを煽《あお》ってきたのはマスコミと、8割おじさんこと西浦博京都大学教授をはじめとする「専門家」たちですよ。

２０２０年4月15日、西浦教授は人との接触8割減を強く要請し、何も対策を施さなければ、日本で約85万人が新型コロナウイルスで重症化し、その約半数の42万人が死亡する、という試算を発表して、世間に衝撃を与えた。

その試算というのが、「日本とドイツの間に感染スピード（基本再生産数）の差はない」という前提と、「何の対策もしなければ」という非現実的な前提付きのもの。僕も数理モデルを使って再現しましたが、その前提通りに計算すれば確かにあの結果になります。しかし当時の感染データを見れば、日本や中国、韓国、台湾といった東アジアの国々は、ドイツなど欧州各国に比べれば「さざ波」といわれる程度の感染スピードだった。しかも日本人は手洗い、マスク着用、外出を自粛するなど、すでにコロナ対策を始めていたから、「何の対策も行わなかったら」なんていう前提は成立するはずがないこともわかりきっていた。にもかかわらず、そんなありもしない前提のもとでの試算をあたかも科学的データとして、42万人の死者が出るかもしれないなどとメディアを使って一科学者が公表するなんて許しがたい。

――コロナが始まって以来、ワイドショーやいろんなテレビ番組に専門家と称する人たちが次々と出てきて、いろんなことをおっしゃってますよね。
藤井　木村盛世先生も、２０２０年の初めごろにテレビ朝日の「モーニングショー」から出演依頼があったとおっしゃっていました。そのときすでに番組関係者は「これは長引きますよ。新型コロナ、ガンガン煽って、ガンガンいきましょう」という趣旨のことを話していたそうです。要するに、コロナは長引くだろうから、連日取り上げれば関心が集まり視聴率が稼げる。顔が売れれば儲かりますよ、っていうわけですよ。おぞましいことこの上ない……。もちろん木村先生は断られたそうですけど。

――テレビの視聴率主義は聞いてましたけど、そこまでやるとは……。それで白鷗大学教授の岡田晴恵さんが出演なさることになったのかしら。岡田さんは、どんな場合でもたいてい「感染する可能性はあります」とおっしゃるので、感染を防ぐにはステイホームしかないのかな、と思ったのを覚えています。
藤井　コロナ禍の原因の一つは、専門家のいっていることは正しい、とマスコミも世間も信じ込んでいることです。僕は自分が専門家だからこそ、専門家のなかにどれだけ愚かな人がいるのかわかっています。しかも専門家というのは、知識を持っているといってもその専門領域だけで、ちょっと領域がズレたら単なる素人と変わらない。

なのに、テレビに出て偉そうに適当なことをしゃべり倒す。にもかかわらず、とりわけ医師に対する国民の信頼・尊崇の念は強く、彼らを批判する言論人もほぼ皆無なので、「専門家のおっしゃることだから」とみんながありがたく拝聴して、信じてしまう。

案の定、西浦発言は、「自粛」や「ステイホーム」の重大な根拠になってしまった。僕は、政府のエラい人たちに、東アジアとヨーロッパの感染スピードの違いを説明し、政府の補償もなく自粛すれば、経済被害がとんでもなく大きくなりますと訴えた。財政政策も含めて、客観的なリスクマネジメントをしてほしいと何度も何度もお願いしたのですが、政治家たちはこういったんですよ。

「藤井くんのいってることもわかるけど、西浦さんがもうあれだけ煽っちゃったからね。あれをいっちゃったらもう国民は止まらないから、しょうがないんだよ」って。

――サイテー！　どこまで無責任なんですか!!

藤井　人気を得るために、「コロナにおびえる国民」が望む緊急事態宣言などの自粛要請を繰り返す小池都知事ら、自治体のトップも少なくない。結局、専門家の発言に政治まで引きずられて、コロナ禍を拡大してしまったということです。情けない。

――どうにかワクチン接種が進んで、4度目の緊急事態宣言がやっと解除され、政府にもようやく「ウイズコロナ」への動きが出てきましたね。自治体と連携して、飲食店やコンサートホール、劇場などで行動制限緩和の実証実験を行い、その結果を踏まえて感染対策と経済の両立に向けた仕組みをつくることになりました。なにはともあれ、やれやれ、ですね。

藤井　私たちは、コロナが流行り始めた2020年春から、感染リスクを8割減らして経済も社会も回す「半自粛」という新しいライフスタイルを提唱してきたんですけどね。まぁ、詳しいことは後でお話ししましょう。

政府がケチだとコロナ病床は増えない

――もとを正せば、政府が国民に自粛を強いるのは「病床が逼迫している」からですよね。岸田総理は、野戦病院のような臨時の医療施設もつくって医療難民ゼロを目指すとおっしゃってますけど、日本の病床数は世界一なんですよね。

藤井　OECDの主要7カ国中、人口1000人あたりの病床数は日本が13・0床で、ドイツ8・0床、フランス5・9床、米国2・9床、英国2・5床などに比べて圧倒的に多い。日本の病床数は世界トップなんですけど、コロナに対応している割合は世界最低なんですよ。日本には約１６０万の病床があるのに、コロナ対応病床は約４万床（２０２１年９月22日時点の厚労省データ）。つまり、全体の２・５％しかない。

――たったそれだけ？　どうして増やせないんですか？

藤井　最大の理由は、財務省がおカネを出し渋っているからです。病院でコロナ患者を引き受けようとすると、隔離個室や検査・処置のための医療器材、防護服などの費用がかかるし、一般病棟の閉鎖や外来患者の制限などが必要になる。万一、院内感染でクラスターが発生すれば通常業務を停止しなければならない。コロナ対応は日本の病院全体の２割にあたる公立・公的病院が主としてやってきたのですが、あとの民間病院には、政府がそうした損失に対する十分な補償をやっていないからコロナ病床がなかなか増えない。この有事にも財務省が財政規律を守っているからですよ、結局は。

――またも元凶は財政規律なんですね。

藤井　緊縮財政の政府は、以前から公立・公的病院の病床数を減らしに減らしてきた。公立・公的病院が赤字経営ではいけないということで、病床数を減らしたり医者や看護師の数を減らしたり、病院を統合したりして経費を削減する。その取り組み具合に応じて、厚労省は公立・公的病院を運営する都道府県に補助金を出すわけです。平常時はいいけど、今回みたいな感染症が入ってきた非常時には対応できない。公立病院などは平常時に赤字でも余分なベッドを抱え、余分な人員を抱え、余分な医者、余分な看護師を抱え、余分な設備を整えておかないと、非常時は対応できません。

にもかかわらず、コロナ禍の最中も、厚労省はコロナ対策をやりながら病床の削減を進めていたんですよ。新型コロナウイルス感染症対策分科会が、「医療提供体制が逼迫し、助かる命も助からない」と呼びかけていたときでさえ、全国の都道府県に「病床削減支援給付金」の通知（２０２０年11月26日付）を出していた。

――開いた口が塞がらない……。岸田総理、そんな給付金は、即刻止めてください！

藤井　コロナ対応病床を増やせないのは、財務省はもちろん厚労省、都道府県、民間の医師を取りまとめ病床数を増やせる立場にいる日本医師会にも責任があります。しかし、そうした問題をほったらかしにして、財務省と戦うこともなく、緊急事態宣言を軽々しく連発してきた政府に重大な問題がある。感染が始まって1年半以上が経過したにもかかわらず、自宅療養中に亡くなる方も出るくらい医療供給が不足するなどという状況は、政府の怠慢以外の何ものでもない。以前から僕が何度も主張している通り、医療供給力の増強こそ、政府がいの一番にやらなくてはいけないことです。

コロナ病床を増やせば「医療崩壊だ」と騒ぐことはなく、緊急事態宣言を発出する必要性も「自粛」や「時短」の必要性も大幅に低く引き下げられるんですよ。

日本経済と社会を破壊しただけの「緊急事態宣言」

藤井　緊急事態宣言のように社会活動の大幅な抑制を目指した政策は、経済的な損失をはじめとして激しい副作用を伴うものです。だから「緊急事態宣言が有効かどうか」を見極めた上で適切に実施される必要があります。ところが、政府は有効性についての検証をやっていない。

しょうがないので、私たちで1度目（2020年4月～5月）と2度目（2021年1月～3月）、3度目（2021年4月～6月）の緊急事態宣言を統計的に検証したところ、感染を抑制したという効果は全く見られなかったんですよ。驚いたことに、いずれも日々の感染者数のグラフを感染日ベースに置き換えてみたら、宣言を出したころはすでに、新規感染者数は「ピークアウト」していたんです。つまり緊急事態宣言を出さなくても、コロナ陽性者は減っていたわけです。1度ならず2度ならず3度ともすべて、感染が収束していったのは、緊急事態宣言とは「無関係」だったことが実証的に明らかにされているのです。

――えーっ！　めまいがしてきました。

藤井　激しい副作用を伴う緊急事態宣言を出したところで、感染を抑止する上で「無駄」にしか過ぎなかったということがわかっているのですから、やめましょう、という議論が出てきても不思議じゃなかった。にもかかわらず、コロナ対策分科会の尾身茂会長ら政府筋の専門家の主張に押される格好で、4度目の宣言を発出した。そして、「感染抑止に効果がない」ことを過去3度よりもさらにより鮮明に実証してしまうことになったのです。

4度目の緊急事態宣言が出されて、東京で飲食店に時短が要請され、酒の提供の自粛が要請され始めたのは7月12日。もしこの宣言に効果があるとするなら、その2週間後の7月26日には感染拡大に「歯止め」がかかっていていいはずでした。しかし案の定、歯止めがかかるどころか、感染拡大の速度はむしろ加速して、東京の新規感染者数は日に5000人を超えるまでになった。しばしば「最近のコロナ株は潜伏期間も短くなり、検査までの時間も短くなっているので、2週間の時間差は長すぎる」といわれますが、もしそうだとすれば、7月21日か22日くらいから減り始めても不思議ではないのですが、そんな様子は微塵も見られなかった。

つまり、4度目の緊急事態宣言は、これまでの三度の宣言とはまた違う形で、より直接的に、「日本の緊急事態宣言には感染抑止効果などない」ということを明らかにするデータを私たちに提供したわけです。

こういう基本的なデータの検証もせずに、緊急事態宣言を何度も出したために、日本経済と社会に与えた衝撃は凄まじい。2020年度のGDPは前年比で4・6％落ち込み、リーマンショックを超える下げ幅になった。実に一世帯当たり、所得が60万円も下がった計算になります。失業者は50万人増えた。前にもいったように経済と命は直結しています。経済が冷え込んだら自殺する人が増えるんです。自粛が長引くと、うつ病になって自殺する人も少なくない。2020年の自殺者数は2万919人（速報値）で、リーマン・ショック直後以来11年ぶりに増加した。非正規雇用が多い女性や若年層の増加が目立ち、小中高生の自殺者数が過去最多の499人だったそうです。子どもまでが自殺しているんですよ。

――2021年は9月末時点で全国の自殺者の総数はすでに1万5895人（速報値）に上っている。この数字を政治家や官僚一人ひとりはどう感じているんでしょうね。

「自粛しろ。でも補償はしない」は政府の虐待

藤井　岸田総理は、業種を特定しない持続化給付金や家賃給付金の再支給などにも取り組み、数十兆円規模の経済対策を実施するという考えを示していますが、国民を守るためにはまだまだ足りない。アメリカでは、トランプ前大統領は400兆円を市場に注入した。さらにバイデン大統領は追い銭で400兆円入れたんですよ。個人向けには計三回の現金給付、企業向けには損失があった分を補償している。これはアメリカだけじゃなくて、イギリスもフランスもG7の国々は、基本的に企業の損失を補償しているんです。

ところが日本は、緊急事態宣言は国民を守るためだといいながら、「融資はするけど、補償はしない」。返済不要なのは、一回こっきりの10万円特別定額給付金と、事業者には持続化給付金だけ。全然足りないので、私たちや一部の議員が「粗利補償」を提案した。粗利というのは、売上高から仕入原価を差し引いた差額で、それを補償すれば、企業は家賃も人件費も払える。倒産を避けることもできれば、従業員も失業しなくて済むんですよ。なのに、政府は一切やらない。「自粛しろ。でも補償はしない」

なんて、政府の虐待ですよ。

――先生が出演なさった「朝まで生テレビ！」（テレビ朝日、2021年6月26日放送）で、自民党の片山さつき参議院議員は、「憲法に緊急事態条項がないからロックダウンできなかった。だから補償もできなかった」という趣旨のことを話されていましたよね。要するに、政府が命令したロックダウンではなくて、自発的に要請に応じて自粛したわけだから補償はいたしません、ってことでしょう。なんて姑息な言い訳！

藤井　確かにロックダウンはしていない。しかし、交通行動データを見ると、日本は2020年の5月、国民が最も自粛した時期ですけれども、移動が60％減っている。この60％の移動減少というのは、アメリカの自粛のレベルよりもひどいんですよ。つまり、「自粛要請」であっても、実際、アメリカのお客さんの減り方と日本のお客さんの減り方とを比べたら日本の方がひどいということがあるんですよ。これを放置するのは政府じゃない。

――しかも政府は、2020年の補正予算として73兆円を組んだのに、そのうちの30兆円以上も未執行で残っているそうじゃないですか。

藤井　財務省から「予算は形式上、計上はしたけれど、使うなよ」という圧力がかかった、あるいはそれを忖度したんじゃないかと思えてきますよね。だとしたら全くもって言語道断な話ですよ。いいですか、ヨーロッパでは２０２０年3月10日ごろに最初の死者が出た。そしたら3月23日にはEU政府が財政規律の凍結宣言をしたんです。つまり政府が青天井でお金を使うことを決めた。すると、4月にはイギリスの飲食店に補償金が振り込まれたんです。ところが日本は、片山議員の話にも出ていたように、1年間ずっと議論を重ねて少しずつ体制を整えています、といっている。これでは遅すぎるんですよ。実際、その1年間でいっぱい店が潰れて失業者が出て自殺者の数が増えている、という事実があるんです。

――ほんとに何もかも遅すぎる。だいたい国会議員はコロナで失職するわけでも収入が減るわけでもないから、生活に困窮している国民の苦しみなんておわかりにならないのでしょうけど。麻生前財務大臣が首相時代にカップ麺の値段を聞かれて「４００円ぐらいします？」と答弁なさったときに、やっぱりズレてるなと思ったけれど、この前、「コロナはまがりなりにも終息した」とおっしゃったので腰が抜けそうになりました。お金に苦労したこともなく、ずっと高給をもらっている政治家や高級官僚、学者のエリートのみなさんは、今、お金がなくて生きるか死ぬかの瀬戸際に立っている人たちの境遇なんて想像がつかないんでしょうね。

「自己責任」というバカの壁

――それにしてもどうしてこうも政府は国民を助けないんですかね？

藤井　自由民主党の60代、70代の先生方をはじめ、ある種の保守の政治家、並びに官僚、経済学の大学教授などインテリの方たちは共通して、もっと給付金を配るべきだとか補償をやるべきだとかいったときに、「国民を甘やかしちゃいかんのだ」と思っているんですよ。

彼らの多くはバブルのときに成功体験を身につけた。高度成長期はボンクラでもテキトーに仕事していたら業績を上げられるけど、今はおカネを儲けるのがとてつもなく大変なんです。で、交通事故に遭ったように路上に転落してしまう人たちがおられるわけですよ。30〜40代に高度成長期を経験した政治家やインテリの先生方は、貧乏なのはそいつが悪いんやと思っているけど、今、潜在的貧困者数を入れたら国民の60％が貧困になっている。その人の能力とは無関係に、偶然にも貧困化してしまった方が何千万人といるんです。

その人たちは決して甘えてない。毎日頑張って生きているんですよ！　20年間もデフレを放置されて不況が続くなか、２度にわたる増税と、コロナ感染症拡大とそれに伴う自粛要請で、多くの国民が瀕死の状態になりながら、それでも健気になんとか生き延びようと必死に努力を重ねている。にもかかわらず、あいつらは「甘やかしちゃいかんのだ」といってるわけですよ。お前らが偉いんちゃう、時代背景が違うんじゃ、ボケって話ですよ！

――キレて当然の話ですね。国民を助けようとしない理由がよくわかりました。自分が運に恵まれていることに気づかず、自己責任論を語る人は年齢に関係なく結構いますが、政府のリーダーが政治理念は何ですかと問われて、まず「自助」なんて言葉を口にしていたのは、そういうことなんですね。世間を最も知らなきゃいけない職業なのに、まるで世の中を知らないというか、薄情というか……。本当に情けない話です。

緊急事態宣言を出しながらオリンピックを開催した理由

――もうこの政権ではダメだなと思ったのは、緊急事態宣言を出しながらオリンピックを強行したときです。国民には自粛しろ！　っていいながら、海外のアスリートや

ＩＯＣ関係者、メディアはどうぞいらっしゃい、と歓迎する。大規模イベントやるな！といってたくせに、オリンピックという世界最大規模のイベントはやるって、もう訳がわからない。なぜ、そこまでしてオリンピックを開催しなくてはいけないのか、菅総理からも小池都知事からも一度も納得のいく明確な説明がなかった。

藤井　それまでの緊急事態宣言もめちゃくちゃだったけど、これは超ド級ですよ。一応、緊急事態宣言を出す最大要件として警戒レベル４というのがあったんですね。病床の使用率50％を超えたら警戒レベル４なんですが、当時の使用率は25％。最大の要件すら満たしていない。じゃあ、何のための緊急事態宣言なのか。僕は毎週のように永田町へ行って国会議員や政治記者の方といろいろお話をするんですけど、当時、これについての共通認識があった。緊急事態宣言は、オリンピックを開催するためだろう、ということです。

このままだったら、オリンピック開催時点で、感染者がメチャメチャ増えてしまって、ボコボコに批判されて、もう菅政権はもたなくなるだろう……だったら、ここで先手を打って緊急事態宣言を出して感染者を抑え込めれば、オリンピックやっても批判されなくなるだろう……と。

で、オリンピックやったら日本人が金メダルをとります↓世論が盛り上がります↓国民の気分がよくなります↓菅政権の支持率が上がります↓秋の総選挙で自民党が勝てます↓勝ったら総裁選なしで総理大臣をあと3年続けられます、って考えているんだろう、と。緊急事態宣言は、オリンピックのためでさえなくて、菅さんが総理大臣を続けるため。総理大臣を続けるために自粛させ続けているのとちがうか、ってことが永田町の常識になっていたんですよ、ホント。みんなそういってましたよ（笑）。

――それが本当だったら、ひどい、ひどすぎる。国民をなめまくってますよね。ま、菅さんが思うほど国民は愚かじゃなかった。国民の61％がオリンピックを評価しても、菅政権の支持率は29％と下がりましたからね。コロナの感染拡大と共に支持率は下がり続け、結局、菅さんのもくろみは外れて退任に追い込まれたということでしょうけど。岸田新政権にはとにかく政治本来の役割「公助」をしっかりと実行していただいて、私たちの生活を大いに支援してもらいたいですね。

感染を抑制しつつ経済も社会も回せ！

――ようやくウイズコロナの生活も本格的に始まりそうです。居酒屋のご主人が「1

年9カ月、地を這いずり回ってきましたが、これからに希望を持っています」と話されていて、胸が詰まりました。先生は、先に触れたように最初の緊急事態宣言が出る前から「半自粛」というウイズコロナ型のライフスタイルを勧められていますよね。

藤井　僕は防災の視点からパンデミックの研究をしてきたんですけど、防災には「防災」と「減災」の2つの概念があるんですね。比較的小さな台風や地震の場合には、耐震補強をしっかりしたり堤防を十分高くしたりするといった防災対策をやって被害をゼロにすることを目指す。一方で、南海トラフ地震のような巨大地震やメガ台風の場合、被害を最小化しようという「減災」に目的を切り替えるわけです。

大は小を兼ねるのだから防災をやっておけば減災は要らないと思われるでしょう？実際、建設省や防災研究所などは最初、防災を目指した。だから堤防やダムをつくることだけを議論していたのですが、それを乗り越えてくる津波とか洪水とかがたくさん起こってきたわけです。また、防災が完璧であればあるほど、みんな安心してしまって、堤防を越えるような津波がきたときにそれを想像して備えていないから被害が何十倍、何百倍にも広がってしまう。したがって大きな災害に関しては、防災の努力をすると同時に被害を最小化する減災の取り組みをやることが必要だと、とくに東日本大震災後に防災業界、防災行政がシフトしてきた。残念ながら、その後も毎年毎年、悲惨な経験を積み重ねて、防災から減災へと転換が起こったわけです。

ところが、厚労省やコロナ対策分科会の先生たちは、パンデミックの対応というものを防災行政ほど経験しているわけではない。防災の概念しかないから「クラスター対策で封じ込めていく」とおっしゃっていたのでしょう。このままでは、日本国民はパンデミックの強大な被害を被る可能性が高い。クラスター対策だけに頼るのではなく、クラスター対策も重要な作戦の一つとして、それ以外の減災対策もやっていかなくてはいけない。ということで、僕が代表を務める京都大学の研究ユニット「レジリエンス（強靭化）実践ユニット」でウイルス学の先生や医師、衛生学の先生方と共に練り上げて「半自粛」という行動変容戦略を立てたわけです。

――私は「半自粛」で、すでにウイズコロナ生活を送っていて、幸いコロナにもかからず、好きな歌舞伎や映画も観ながら、そこそこ快適に暮らしてきましたが、まだご存知ない方たちのために、半自粛とはどういうものか、ご説明くださいますか。

藤井　もちろん。手洗い、マスク、咳エチケットは当然のこととして、基本方針は、感染すると亡くなるリスクが高い高齢者、基礎疾患患者、妊婦の保護強化です。ワクチン接種が進んで、高齢者の死亡率は激減していますが、今後どんな変異株が出てくるかわかりませんから、自粛の継続を要請するということになります。とくに大事なのは既存の高齢者施設の防疫対策を強化すること。会社においては在宅勤務の継続、自宅においてはインフルエンザの患者が出た場合と同じように高齢者や基礎疾患患者、妊婦の方を守っていく。完全に守り切ることは難しいかもしれませんが、いわゆるコロナ弱者をより手厚い方法で守ることによって、亡くなる方をどんどん減らしていくことができるはずです。

そして、コロナ弱者以外の方は外出し、経済活動を再開する。そのときに注意すべき項目は、3つだけです。

1　飲み会、カラオケ、性風俗の自粛の継続。これはちょっと我慢してください。
2　「鼻の穴」と口、目を触らないようにしてください。
3　どこへ行っても換気を徹底してください。

これらは、飛沫感染、接触感染、空気感染（エアロゾル感染）を断ち切る最も効果的な行動で、この3つをしっかり守っておけば、感染リスクは私たちの見込みとしては8割程度は減らすことができると考えています。ちなみに、接触感染というのは自分の手についたウイルスが目、鼻、口、とくに鼻の穴の粘膜に入って感染するので、これらを触らなかったら8～9割は防ぐことができます。

これから政府と自治体がどのように行動制限を緩和して、どれほどの成果をもたらすかわかりませんが、この半自粛の特徴は、項目が少なく覚えやすく実施しやすい。事業者だけでなく利用者の協力を促し、より強力に感染抑止します。そして何よりも、経済の被害が非常に少ない。飲み会、カラオケ、性風俗は経済が傷つくのでここは政府の補償が絶対に必要ですが、他のところはほとんど関係ない。なぜかというと、社会的な距離を過剰に強要しないからです。

身体的距離を2メートル離せとか三密がダメだとかいうと、多くの事業者が倒産する。バス事業はほとんど撤退せざるを得ないし、飲食店、劇場、映画、娯楽施設なども軒並み経営破綻してしまう。しかし「半自粛」であれば、経営は厳しいかもしれないけれど潰れる会社をたくさん救うことができる。客も飲食店も3つのポイントを守って、マスクもせずにぺちゃくちゃしゃべらなければ、飲み会以外は可能だし、コンサートや演劇、映画も、目鼻口を触らず、じーっと観て聴いて帰るくらいだったら、すぐ隣に人がいたとしても、少なくとも8割は感染リスクを減らすことができます。

クラスター対策も使いながら事前に人々が感染したり、させたりしないようにする「感染しないさせない国民運動」をやるべきだと思います。それが、減災につながっていく。感染が爆発しないように経済と社会を回していくということが、場合によっては2年3年と必要になってきますから、息長く行動を変容していく。ウイルスと付き合っていくためには、こういう考え方がいいのではないかと思っています。

コロナ不況を逆転させる「景気V字回復策」

——そして、どうにか岸田内閣で、悲願のデフレ脱却を果たしてほしいですね!

藤井　今こそ、必要性の高い自粛のみを選択的に行いつつ、必要性の低い自粛を緩和し、それでも絶対的に不足する需要を政府支出で拡充してデフレ脱却を図る、という「半自粛&徹底的な財政政策」による「デフレ脱却路線」が、求められていると思います。

アメリカにしても、イギリスやフランス、ドイツにしても、早くから基準を決めておいて、その基準をクリアしたら自動的に緊急事態宣言を解除しています。解除したら後はお酒を飲んでもいいですよとか、きちんと様子を見てまた感染拡大したらロックダウンしますよということをやってるわけです。日本政府も、ちゃんとした科学的基準を決めておいて、発出したり解除したりするべきです。ちょうど、熱帯魚を飼ってるときに水温計を入れておいて、温度が下がってきたら自動的にヒーターをつけて一定の温度まで上がったらヒーターを切るように、サーモスタット装置でやるべきなんですよ。僕が考える基準は、政府が目安としているような今日の新規感染者数ではなく、今の行動抑制が医療崩壊リスクをどれだけ下げるのか。科学的データをもとにちゃんと見極めて、コントロールするべきだと思います。

そして出口に来たときに、そろりそろりと病み上がりの患者が様子を見ながら日常生活を送るような、「半自粛」をやっていく。自粛から完全にオープンにするのではなくて半自粛で社会を開いていけば、感染拡大を防ぎながら経済も回していける。

——一部では、コロナが終息すれば、経済は自律的に回復するなんていう人たちもいますけど。

藤井　それはアメリカやヨーロッパなど外国の話です。世界経済はリーマンショックによって長期低迷期に入っていたんですけど、コロナ禍をきっかけに各国がこれまでの財政規律を撤廃して、政府支出を徹底的に拡大した。その結果として、世界中が成長軌道に乗る可能性が出てきたんですね。ところが日本は、その成長軌道に乗ることができないかもしれない。コロナ対応で100兆円規模の財政出動は行ったけれど、一部の緊縮財政派からはすでに「コロナ増税」という声が上がり始めている。社会保険料を上げて、コロナ増税をやるといっているんですよ。これをやれば成長どころか、世界中で日本だけが激しく凋落していくことになります。

——コロナ増税⁉　意味がわからない。疲弊している国民からまだおカネを絞り取って、さらにデフレを深刻化させたいんですかね。藤井先生、どうすれば日本経済が回復して成長軌道に乗れるのか、具体策を教えてあげてください。

藤井　何度も申し上げてるんですけどね。簡単にいって、4つです。

1　プライマリーバランス規律の撤廃
2　コロナ終息までの消費税凍結
3　企業に対する粗利補償
4　危機管理投資

1つ目のプライマリーバランス規律の撤廃は最優先です。これがある限り、粗利の補償も十分な給付金を出すこともコロナ病床を増やすこともできない。繰り返しますが、G20のなかでPB黒字化を目標にしている国家は、日本以外にありません。

2つ目は、コロナが終息するまで消費税を0％にする。コロナが流行り始めた2020年春の時点で多くの国が消費税をかなり減税しているんです。国民の収入が激減して生活が苦しくなっている。消費税を10％減税したら「10％割引き」になるわけですから、買い物がしやすくなって生活が楽になるんです。

覚えていますか？　消費税は百害あって一利なし。1997年の消費増税が日本をデフレ不況に陥らせたわけですが、もし、あの消費増税がなかったら、岸田新政権が「所得倍増」を目指すまでもなく、日本経済は順調に成長していて国民の所得は今の倍くらいになっていたはずなんですよ。今500万円稼いでいる人は1000万円、1000万円稼いでいる人は2000万円ですよ。そうなると、貧困問題も格差問題もなく、国全体が豊かで国民に余裕があって、芸術や文化も発展していたし、経済大国のままだから外交力も強かったはずなんです！

本来、インフレ率が上昇するまで消費税は凍結したいのですが、増税させたがり屋がいっぱいいいてうるさいので、とりあえずコロナが行き過ぎるまででいい、とします。

3つ目は、コロナで大きな損失を被っている企業の粗利補償。バイデン大統領がやっているように、減った売り上げを政府がそのまま補塡する。前にもいったように、補塡してあげたら全従業員の賃金の補償ができるし、家賃やいろんな固定費も払えるから企業が潰れなくなる。フランスはこれを完璧にやって、2020年は倒産件数が史上最低だったそうです。

4つ目の危機管理投資は、未来に対する防災を中心とした投資です。新型コロナで日本がいかに「危機管理」において脆弱なのかを露呈させましたが、今後、ウイルスだけでなく巨大地震に襲われる可能性も非常に高い。政府の地震調査委員会は、マグニチュード8～9クラスの南海トラフ地震は今後30年以内に70～80％、マグニチュード7クラスの首都直下地震は同じく70％の確率で発生すると予測しています。

南海トラフ地震についていえば、最悪の場合、死者は32万人を超え、経済被害も220兆円を超えるという。土木学会は、GDP全体への長期的な被害も含めれば1410兆円になると推計しています。これに備えないと日本は壊滅します。私たちは、その危機に立ち向かうための「技術」を持っています。阪神淡路大震災以降、耐震のための土木技術、建築技術は大きく進歩している。僕の試算では、30兆円のインフラ投資で、1410兆円の被害額を4割減らせるんですよ。さらに台風や集中豪雨も強烈になってきていますから、被害を低減化するためにインフラの整備やメンテナンスに投資する。しかも、これらの公共事業を通して、おカネが市場に注入されることによって、景気を下支えすることもできるんですよ。

以上、「プライマリーバランス規律の撤廃」「コロナ終息までの消費税凍結」「企業に対する粗利補償」「危機管理投資」の4つを徹底的にやれば、デフレを脱却できます。プライマリーバランス規律を撤廃し、経済が成長軌道に乗るまで政府支出を拡大し続け、その上で、さらなる成長を遂げるような環境を各種の投資と法改正を通して実現するほか道はない。いわば、緊縮財政と構造改革というこれまでの歴代政府が踏襲してきた新自由主義的な政策を大転換し、積極財政の構造強化路線を打ち出し、かつそれを財務省や、緊縮を正義とみなしたテレビ、新聞をはじめとした数々の妨害に屈しない姿勢が、岸田政権に最も求められるのです。

コロナ禍をきっかけに財政規律を撤廃して、政府支出を徹底的に拡大した他国に成長する可能性が出てきたように、コロナショックは日本が再生するチャンスだともいえます。経済不況の現時点においてもまだ、日本は他国には真似できないほどの大きな「財政力」を持っている。今足りないのは、この四半世紀の日本政府の愚かさをしっかり理解し、新しい政府と国民が一丸となって日本を転換させていくんだという覚悟です。そして先の4つの対策を遂行すれば、日本は絶対に良くなる。岸田新総理の「所得倍増」計画を実現させることもできる。国民の生活は必ず良くなります！

――9割の日本人が豊かになれるか、1割の富裕層に搾取され続けるか、の瀬戸際ですね。しっかりと岸田政権の政策と実行力を見据えて、正しい道を歩んでいるときは大いに声援し、間違っているときはダメと声を上げなくてはいけない。まず、インフレ率2％程度になるまで政府はいくらでもおカネを出すことができる、ということ。プライマリーバランス黒字化や消費税は国民を貧しくするということ。私たちがそれを認識しているだけでも、日本の行方は天と地ほど違ってきますよね。

藤井　その通り。経済学者の嘘つきや国民に思いを致すことができない政治家は許してはならない。あきらめずに、理解者を増やして一緒に頑張りましょう！

――はい！　私たちや未来の世代のために。これからもよろしくお願いします。

終わりに　～真実を知り声を上げ続ければ「所得倍増」も夢ではない

無知とは恐ろしい。藤井先生にお聞きするまで、政府の財源は税金だと思っていた。政治家も経済学者もマスコミも、「国の借金が膨れ上がると財政破綻する」というから、政府がケチなのも仕方がないと我慢してきた。将来世代にツケを回したくないから、消費増税も致し方ないと受け入れてきた。しかし、それらはすべて思い違いだったとは！　聞けば聞くほど耳を疑うような事実が浮かび上がり、知れば知るほど、自分の誤解が自分の首を締めていたことに気づかされたのだ。

この数年、息苦しさを感じていた。どうして、こんな世の中になってしまったのか？　スーパーマーケットでは半額シールを貼った食品から先に売れるようになり、いつクビにされるかもしれないとおびえる派遣社員が増え、結婚は金持ちしか手に入れられない「贅沢品」とまでいわれるようになった。都心の億ションが売れている一方で、満足に食べられない子どもたちや生理用品さえ買えない女性たちが大勢いる……。

長引く不況のせいだというが、それならなぜ抜け出せないのか？　デフレ脱却を掲げて政権交代した安倍政権は、結局、8年近く経っても公約を果たせず退陣。アベノミクスを引き継ぎ、強い経済を取り戻すと明言した菅総理は、コロナ対応も満足にできず、日本経済にさらなる深傷《ふかで》を負わせて、身を引いた。どうすれば、この危機を乗り越え、自分たちの暮らしを守っていけるのか？　子どもや孫の世代に明るい未来を手渡せるのか？　政治家や経済学者、エコノミストなど有識者たちがさまざまなことをいっているが、いったい何が本当なのか？

経済の話は、小難しくてよくわからない。だからこそプロたちに任せればいいと思っていたのだけれど、ちっとも良くならないどころか、悪化するばかり。もう、「わからない」では済まされない……。そう思い、難しいテーマをやさしく、そしておもしろく、ときに「国民を幸せにするのが政治ちゃうんかい！」と熱く語ってくださる京都大学大学院教授の藤井聡先生に、安倍政権の内閣官房参与を6年間務めた経験も踏まえて、私たちが知っておくべき「真実」の話をうかがったのである。

このままでは、やがて9割の国民が貧困に追い込まれてしまう、という。生まれ変わった自民党を示すという岸田政権が誕生し、コロナ禍で多くの人が痛みを共有できる今こそ、この痛みの根っこにある「真実」を知り、岸田新総理と共に「所得倍増」

の夢を実現させて、私たち一人ひとりが生きやすく、将来に希望を持てる国に私たちの日本を転換させる、またとないチャンスだ。

そんなこと、できるわけがない——と思ったあなた、ご存知ですか？　２０２０年5月、コロナ対策で32兆円の第2次補正予算が決定したが、これはおカネを出し渋る政府に国民世論、とくにインターネットで積極財政を求める声が多かったからにほかならない。藤井先生は、こう話す。

「だから、国民がお願いすれば聞いてくれる。もっと、もっと、お願いすればいい。声を上げ続けることが大切だと思います。世論が変われば、テレビの論調も変わりますから。これ以外に私たちが救われる道はありません」

政治家の悪口をいってるだけでは何の助けにもならない。岸田新総理は、「国民の話をしっかり聞く」と言明されている。インターネットでも電話でも投書でも、私たちの幸せを阻む緊縮財政派や新自由主義を標榜する議員たちの事務所に押しかけるでも、それこそ赤いベストかちゃんちゃんこを着てデモをするでもいい。声を届ける手だてはいくらでもある。２０２２年夏には参議院議員選挙も予定されているから、議員たちはきっと国民の声に耳を傾けてくれるだろう。国民一人の声は小さいけれど、思いを寄せ合えば政治も動かせる大合唱になるはずだ。

もう一度、肝に銘じておこう。プライマリーバランス規律を破棄して消費税を凍結し、十分な財政出動をすれば、コロナ病床を増やすことも給付金を出すことも企業の粗利補償をすることもできる。そうすれば、コロナだけでなく経済苦で亡くなる人たちも助けることができ、さらにデフレの長いトンネルから抜け出して、経済を成長させることもできる。政府が国債を発行して、しっかりとおカネを使えば、私たちの所得を倍増させることも可能なのだ！　政府の借金なんて怖がる必要はない。政府はインフレ率2％程度までは、いくらでもおカネをつくり出せるのだから。

経済のド素人に、それが腑に落ちるまで懇切丁寧かつ情感豊かに教えてくださった藤井先生、心から感謝します。そしてアドバイスをくれた友人たち、この場を与えてくださったポプラ社の碇耕一さん、ありがとうございました。この新書を通して一人でも多くの仲間が増え、みんなで幸せな「そこそこのお金持ち」になれることを願ってやみません。

フリーライター　木村博美

藤井 聡《ふじい・さとし》

1968年、奈良県生まれ。京都大学大学院工学研究科教授（都市社会工学専攻）。元内閣官房参与（防災・減災ニューディール担当）。京都大学工学部卒業、同大学院修了後、同大学助教授、イエテボリ大学心理学科客員研究員、東京工業大学大学院教授などを経て、2009年より現職。2012年より18年まで安倍内閣において内閣官房参与。2018年よりカールスタッド大学客員教授、ならびに『表現者クライテリオン』編集長。文部科学大臣表彰、日本学術振興会賞など受賞多数。専門は公共政策論、都市社会工学。近刊に『令和日本・再生計画』（小学館）、『こうすれば絶対よくなる! 日本経済』（アスコム刊、田原総一朗氏との共著）、『ゼロコロナという病』（産経新聞出版刊、木村盛世氏との共著）などがある。

藤井聡ウェブマガジンはこちら

木村 博美《きむら・ひろみ》

フリーランスライター。OLを経て、新聞や雑誌で放送関係の記事を執筆。イギリス遊学後、女性の生き方から科学、宗教、アフリカの貧困問題など興味のあるものは何でも書き、書籍のライティング（聞き書きスタイルの執筆）でベストセラーを手掛ける。著書に『生きて生きて生きて 愛の極みまで 16人の宣教者+曽野綾子』（海竜社）、『「自分を変える」ということ』（齋藤直子との共著 幻冬舎）。

カバーデザイン　bookwall
図表デザイン　本橋雅文（orangebird）
カバー写真　大石恭正
構成　木村博美

ポプラ新書
216
なぜ、日本人の9割は
金持ちになれないのか
2021年11月15日 第1刷発行
2022年1月27日 第3刷
著者
藤井 聡
発行者
千葉 均
編集
碇 耕一
発行所
株式会社 ポプラ社
〒102-8519 東京都千代田区麹町 4-2-6
一般書ホームページ www.webasta.jp
ブックデザイン
鈴木成一デザイン室
印刷・製本
図書印刷株式会社

N.D.C.336/294P/18cm ISBN978-4-591-17175-2

P8201216

生きるとは共に未来を語ること　共に希望を語ること

昭和二十二年、ポプラ社は、戦後の荒廃した東京の焼け跡を目のあたりにし、次の世代の日本を創るべき子どもたちが、ポプラ（白楊）の樹のように、まっすぐにすくすくと成長することを願って、児童図書専門出版社として創業いたしました。

創業以来、すでに六十六年の歳月が経ち、何人たりとも予測できない不透明な世界が出現してしまいました。

この未曾有の混迷と閉塞感におおいつくされた日本の現状を鑑みるにつけ、私どもは出版人としていかなる国家像、いかなる日本人像、そしてグローバル化しボーダレス化した世界的状況の裡で、いかなる人類像を創造しなければならないかという、大命題に応えるべく、強靭な志をもち、共に未来を語り共に希望を語りあえる状況を創ることこそ、私どもに課せられた最大の使命だと考えます。

ポプラ社は創業の原点にもどり、人々がすこやかにすくすくと、生きる喜びを感じられる世界を実現させることに希いと祈りをこめて、ここにポプラ新書を創刊するものです。

未来への挑戦！

平成二十五年　九月吉日　　株式会社ポプラ社